高等教育中现代教育技术的应用研究与改革

张宗蓝 赵 健——著

中国书籍出版社
China Book Press

图书在版编目（CIP）数据

高等教育中现代教育技术的应用研究与改革 / 张宗蓝，赵健著. -- 北京：中国书籍出版社，2021.6
ISBN 978-7-5068-8534-8

Ⅰ.①高… Ⅱ.①张… ②赵… Ⅲ.①教育技术-应用-高等教育-教育改革-研究-中国 Ⅳ.①G649.21

中国版本图书馆 CIP 数据核字（2021）第 125144 号

高等教育中现代教育技术的应用研究与改革

张宗蓝　赵　健　著

责任编辑	毕　磊
责任印制	孙马飞　马　芝
出版发行	中国书籍出版社
地　　址	北京市丰台区三路居路 97 号（邮编：100073）
电　　话	（010）52257143（总编室）　（010）52257140（发行部）
电子邮箱	eo@chinabp.com.cn
经　　销	全国新华书店
印　　刷	三河市明华印务有限公司
开　　本	710 毫米×1000 毫米　1/16
字　　数	239 千字
印　　张	13.5
版　　次	2022 年 5 月第 1 版
印　　次	2022 年 5 月第 1 次印刷
书　　号	ISBN 978-7-5068-8534-8
定　　价	78.00 元

版权所有　翻印必究

前言

当前，伴随着网络技术和以多媒体为核心的现代信息技术的快速发展，人类社会的面貌发生了翻天覆地的变化。与此同时，现代信息技术在一路发展的过程中，正以惊人的速度渗透到教育教学的各个层面与环节。现代教育技术在教育教学中的广泛应用，使得教育的观念以及教学环境、组织形式、具体内容、方式方法都发生了深层次的变革，并切实推动了教育教学的持续发展。因此，现代教育技术无疑是推动教育教学改革的新动力。

现代教育技术在高等教育改革当中的应用，为全方位推动高等教育教学改革提供了强劲的技术支持。同时现代教育技术不但影响着高等教育改革的方向，而且还对高校现代化水平的提高有着深远的影响；高等教育教学是否可以更加有效地运用现代教育技术，直接关系着是否可以培养出具有自主学习能力、创新精神和实践能力的高素质人才。因此，现代教育技术在高等教育教学改革当中备受青睐。近年来，伴随着课程改革的逐步深入，现代高等教育教学方面的改革取得了一些成效，但依然没有从本质上改变传统教育教学模式当中存在的问题，致使众多高等院校当中的现代教育技术课程建设不是很规范，教学效果也是良莠不齐，教师队伍的现代化教育理念亟须更新、专业素养有待提升。为帮助广大高校教师深入了解现代教育技术，加强现代教育技术课程建设，作者在总结多年现代教育技术实践经验的基础上完成本书的编撰。

全书共分为六章，第一章针对现代教育技术的基础内容与应用环境进行了详细的阐述，其内容包括现代教育技术概述、现代教育技术的理论基础、现代教育技术的应用环境等。不仅有助于读者对现代教育技术有一个整体的认知，而且也为认识接下来的章节内容奠定了基础。第二章针对教学媒体的种类及应用进行了详细的探讨，其内容包括教学媒体、视觉媒体及其教学应用、听觉媒体及其教学应用、视听媒体及其教学应用、计算机交互媒体及其多媒体教学系统的应用、计算机网络及其教学应用，帮助读者全方位了解教学媒体的种类以及在教学当中的应用。第三章着重对信息化教学系统及应用进行了深入研究。其内容包括信息化教学设计、信息化教学环境、信息化教学工具、信息化教学评价等。有助于读者对于整个信息化教学系统有一个直观、清晰的认识。第四章重点对多媒体课件的设计与开发进行了深入探讨，内容包括多媒体开发基础、多媒体课件的设计艺术、多媒体课件的开发等。第五章则是针对信息技术与课程整合进行了详细阐述，内容包括信息技术与课程整合的概述、信息技术与课程整合的实施、信息技术与课程整合案例等。第六章则是在以上各章内容的基础上，对于现代化高等教育技术的发展趋势进行了详细的探讨。其内容包括应用、整合与共享数字化学习资源，创建数字化学习环境，创新现代高等教育教学绩效评价，推动移动学习的发展与优化等。

  在本书的撰写过程中，作者不仅参阅、应用了众多国内外相关文献资料，而且还得到了同事、朋友们的鼎力相助，在此一并表示衷心的感谢。由于作者水平有限，虽历经多次修改，但仍不免有疏漏，恳请同行专家和广大读者批评指正。

作者
2021 年 5 月

目 录

第一章 现代教育技术基础内容与应用环境 … 1
- 第一节 现代教育技术概述 … 1
- 第二节 现代教育技术的理论基础 … 12
- 第三节 现代教育技术应用环境 … 22

第二章 教学媒体的种类及应用 … 30
- 第一节 教学媒体 … 30
- 第二节 视觉媒体及其教学应用 … 34
- 第三节 听觉媒体及其教学应用 … 41
- 第四节 视听媒体及其教学应用 … 46
- 第五节 计算机交互媒体及多媒体教学系统的应用 … 49
- 第六节 计算机网络及教学应用 … 56

第三章 信息化教学系统及应用 … 60
- 第一节 信息化教学设计 … 60
- 第二节 信息化教学环境 … 70
- 第三节 信息化教学工具 … 84
- 第四节 信息化教学评价 … 92
- 第五节 信息化教学应用 … 105

第四章　多媒体课件的设计与开发 …… 111
第一节　多媒体开发基础 …… 111
第二节　多媒体课件的设计艺术 …… 121
第三节　多媒体课件的开发 …… 136

第五章　信息技术与课程整合 …… 150
第一节　信息技术与课程整合概述 …… 150
第二节　信息技术与课程整合的实施 …… 155
第三节　信息技术与课程整合案例 …… 160

第六章　现代高等教育技术的发展趋势 …… 178
第一节　应用、整合与共享数字化学习资源 …… 178
第二节　创建数字化学习环境 …… 186
第三节　创新现代高等教育教学绩效评价 …… 189
第四节　推动移动学习的发展与优化 …… 195

参考文献 …… 207

第一章 现代教育技术基础内容与应用环境

现代教育技术是随着现代电子媒体在教育中的应用而产生的学科领域，它旨在促进人类的学习与绩效。随着信息技术的发展，教育技术的重要性越来越明显。当前，人类已经步入信息时代。信息技术的高歌猛进在诸多领域都带来了巨大变革，在这场变革中，教育的手段和技术也相应地获得了长足发展。在本章，我们将会从现代教育技术概述、现代教育技术的理论基础、现代教育技术应用环境等方面来对现代教育技术基础内容与应用环境详细进行阐述。

第一节 现代教育技术概述

一、现代教育技术的基本概念

（一）教育技术领域及定义的演变

通常人们会认为，教育技术诞生于20世纪20年代的美国。最开始它们分别在视听教育、教学系统方法和个别化教学这个方面进行独立发展，之后在20世纪60年代合并为一个完整的研究领域——教育技术。因为不论是视听教育，还是教学系统方法和个别化教学，它们的侧重点是不一样的，伴随着教育技术的快速发展，人们对它的理解处于一个持续完善的历程。所以，美国教育技术领域在其发展的不同时期，给出了不同的定义。

教育技术产生的标志一般被认为是20世纪20年代兴起的视听教育运

动。视听教育运动以幻灯、投影、电影、电视等现代电子媒体的教育应用为特征。所以，教育技术最开始可以跟教育媒体技术画等号。就像来自美国的教育技术专家伊利所说的那样，通过"教育技术"这个术语，"来对整个媒体制作、开发和使用以及全新传播工具的利用和开发进行强调"，透过该意义层面来看，所谓的教育技术是对物化技术的一种使用。

把教育技术理解为现代电子媒体的教育应用等同于现代教育媒体，这是广大教师和教育技术实践人员容易持有的观点，毕竟以现代电子媒体教育应用为特征的视听教育运动是那么轰轰烈烈。鉴于此，美国总统咨询委员会于1970年给出了一个有代表性的定义，在这个定义中，考虑到上述情况，针对不同人员提出了两个不同层次的定义。第一层的定义觉得，教育技术是在通信技术不断发展的过程中所衍生出的媒体，是与教师、教科书和黑板等处于同一纬度，在教学当中的各个方面得以用。教育技术的组建要素包括电视、电影、投影机、计算机等。若关注的只是"物化"技术的应用，而把教育技术看作是一种媒体技术，很显然是不够全面的。

在1970年美国总统咨询委员会的定义中，对教育技术另一层面的定义认为，教育技术是"一种根据在人类学习和传播的研究成果基础上确立目标、来设计、实施以及评价教与学总体过程的系统方法"。这个定义从方法和方法论的角度来定义教育技术，而媒体技术则是其中一个方面。

之后，随着硬件、软件开发利用技术及教学系统方法的发展、深入及其相互交叉、结合，人们对教育技术及其领域的认识就越来越全面。

1977年，美国教育传播与技术协会（Association for Educational Communicationsand Technology，简称AECT）为"教育技术"下了一个颇有代表性的定义：教育技术是旨在对问题进行分析，并围绕解决问题的方法来推进设计、实施、评价和管理的综合性的、有机融合的过程，它的具体内容包括人员、程序、思想、设备、组织等方面，与关于人类学系的各个方面都有所关联。

这个定义明确表述了教育技术涉及教育的多个方面，其中包括了很多对教育技术基本特征的理解，深刻影响到了其以后的发展。具体来说，这个理解突出了以下几点。

（1）教育技术是通过应用系统方法来分析和解决人类学习问题的，其宗旨是提高学习质量。

（2）教育技术聚焦于对学习问题进行解决的过程，主要的流程包括分析具体的问题和设计、实施、评价和管理解决方法等区域，而不单单与媒体的使用有关联。

20世纪后期，随着各种新媒体的出现，需要针对教育技术的工作范围再次进行界定，所以，AECT的定义与术语委员会联合工作多年后，终于在1994年孕育出全新的定义：教育技术的目的在于促进学习，并针对与学习相关的资源和过程加以设计、开发、利用、管理和评价的具体理论和实践。

（二）教育技术的研究对象与范畴

1994年，由AECT所提出的有关教育技术的定义（简称为AECT'1994定义），被来自国内的众多专家看作是一个领域定义。它把教育技术定义为一门独立学科当中的研究对象，也就是学习资源和学习过程。它也针对教育技术所研究和实践的主要范围以极为简明的方式进行了描述，主要包括设计、开发、利用、管理和评价等具体范围。与以往的各种定义进行比较的话，该定义的特点主要如下。

（1）用"教学技术"（instructional technology）代替以前常常使用的"教育技术"（educational technology），表现了对学习主体之学习的强调，但从AECT官方相应文本的解释看，它并不表现出领域的缩小，所以国内仍然常常翻译其为"教育技术"。

（2）明确指出教育技术的最终目的是"促进学习"。

（3）指出了教育技术研究对象的两大方面：学习过程和学习资源，并对学习资源和学习过程同等重视。

（4）说明了教育技术理论与实践的五个基本范畴：设计、开发、利用、管理和评价。

（5）表述非常简明扼要，便于传播。

下面参照图1-1-1所示作进一步分析。

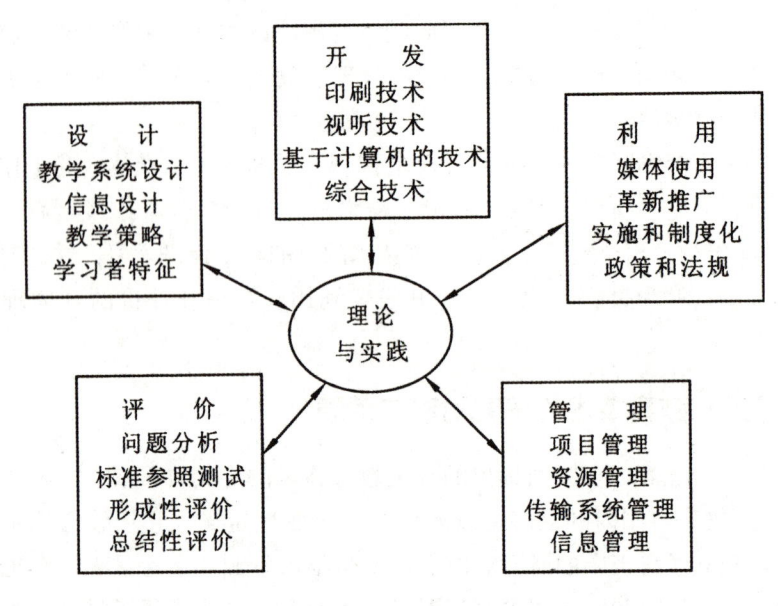

图 1-1-1 教育技术的范畴

在以前，设计、开发、利用、管理和评价时常被认为是一个对系统方法进行分析和教育教学问题进行解决的完整过程。比如将针对某个教学问题进行分析时，使用计算机辅助方法加以解决的可靠性和必要性等作为一个始发点，然后开始全力设计计算机辅助教学软件，以设计的结果作为参照来针对相应的教学软件进行开发，通过该软件来进行学习，之后对于学习的效果进行全面评价以及该过程当中所涉及的各种因素进行协调——管理，这些是使用系统方法的完整流程。同时，这样五个阶段也是教育技术的五个相对独立的研究和实践领域，各自都能成为一个工作领域，这些范畴之间并不一定是直线型前后连接的关系。图 1-1-1 五个范畴的环状排列表明了这层意思。

但正如较多国内学者都冠以这个定义"领域"二字所暗示的，这个定义非常简明地规定了教育技术的研究对象和基本范围，却避开了回答教育技术到底是什么，其"技术"内涵是什么的问题。

（三）现代教育技术概念的提出

从上面对教育技术本质的讨论可见，教育技术涉及教育教学的方法、策略、程序和相应的工具，其所涉及的内容远远超出了"现代教育媒体"

的范围。AECT'1994的领域定义，也确定了一个非常广阔的研究与实践空间，这就使得其似乎与促进人类学习的所有方面都有关系，从而导致界定过宽，与我国课程教学论和教育管理等领域都有一些内容交叉。

为了使教育技术自身的独特性得以凸显，国内在对教育技术进行研究和实践的过程中，通常都会很看重现代教育媒体和信息技术的完整参与，使用具备现代教育媒体和信息技术共同参与的有关教育教学方面的策略、方法、程序和工具。这就会致使国内的教育技术往往更看重那些看起来更加"现代""先进"的主题（比如电视远程教育、教育网格、计算机信息技术教育应用等，而对于美国的教育技术比较看重的粉笔、黑板、旅游等内容），并且常常在"教育技术"名称的前面加上"现代"二字，以便体现这种对领域视野的限制。但就实质而言，"现代教育技术"与"教育技术"并无多大区别。为了突出"现代教育技术"对现代教育媒体及信息技术的重视，国内学者也常常在定义表述中专门加上相关的词，如李克东教授认为："现代教育技术就是运动现代教育理论和现代信息技术，通过对教与学过程和资源的设计、开发、利用、管理和评价，以实现教学优化的理论与实践。"[1] 这是结合我国实际情况，对AECT'1994定义进行相应限定和修改后得到的一个比较合理的"现代教育技术"的领域定义。我们也可以把前面所讨论的作为依据，来为现代教育技术下一个实质性的定义：所谓的现代教育技术，是在把与人类学习和传播研究相关学习理论、教育理论和传播理论作为前提的条件下，在对现代教育媒体和信息技术环境当中遇到的有关教育和学习的实际问题进行解决时所使用的手段、策略、方法、操作程序和相应工具资源等的综合。

二、现代教育技术发展简史

（一）现代教育技术产生与发展的原因

19世纪后期所开展的教育，依然使用的是教师口头讲授为主的"言语主义"教育，那个时候在科技进步和社会发展的带动下，整个人类历史已

---

[1] 李克东. 新编现代教育技术基础 [M]. 上海：华东师范大学出版社，2002. （参考文献第1页）

经进入到电器化时代。随着社会的发展要求，教育系统具备培养大量合格人才的能力，然而教育的现状与社会需求之间有着一定的矛盾。因此从主观层面来说，当时就已经诞生的幻灯机等设备，使得满足这些要求成为一种可能，这些正是把电子媒体应用作为标志的现代教育技术得以诞生的真正原因。

后来，科技与社会突飞猛进地发展，人类进入信息时代，教育既面临着很多发展机遇，又面临着许多挑战。总的来看，信息时代人类信息传承的总量空前巨大，教育迎来了更大的生存和发展空间。同时，信息时代教育信息总量的激增和信息更新的加速以及时代的发展对人才需要的多元化和复合性要求，又给教育带来了极大的挑战。

首先，信息社会所出现的"知识爆炸"现象使得教育内容不断增加和学生有限的学习之间的矛盾进一步加剧。而"知识爆炸"应当分别从知识的整体数量和知识更新的速度这两个方面进行看待。一方面，随着知识总量的不断加增，人类知识更新所需的时间越来越短，也就是说整个知识总量呈现出快速上升的趋势。据相关统计，人类知识翻上一番所用的时间，第一次的更新用了1500年，第二次更新则是缩短为300年，第三年更新花费了100年，第四、五次分别使用了45年和15年。第六次发生在1960—1968年间，才用了短短8年时间；另一方面，知识的老化速度也越来越快。据统计，18世纪时，知识老化需要80到90年的时间，到20世纪初，知识30年就变得陈旧。20世纪中期，知识的老化周期缩短到15年。20世纪末，有的学科甚至缩短为5年。目前，有些领域，特别是信息技术领域，知识的老化周期更短，有的知识在1年甚至几个月后就显得落后了。人类知识的这种加速度增长和老化，使得人们必须提高学习效率，并不断补充新知识，才有可能在有限的学习时间中不断充实自己，赶上时代发展的步伐。

其次，信息社会所出现的"学习人口爆炸"现象致使想要受教育的人群不断壮大与传统教育乏力之间的矛盾。此处提到的"学习人口爆炸"主要表现在两个方面：一方面在于随着世界人口的不断增加，致使处于各个不同层级的教育机构涌现出更多的学习者；另一方面，因为前面所说的知识陈旧化速度的加快，使得接受二次教育、三次教育甚至毕生教育的社会力量不断加增。就目前而言，后一方面的"学习人口爆炸"造成的教育危机会更加突出。

再次，社会产业老化与更新速度也在加快，新产业的不断增加和老产业的更新、改革，加上当今学科之间高度的综合化，使社会对学校的人才培养规格的要求也越来越高，越来越需要大量多元化和复合型的人才。这就要求学校教育除了不断改革教学体系、更新教学外，还要考虑不同人才千差万别的需求，进行适合受教育个体学习特点和需要的个别化教育。

最后，自20世纪50年代以来，制造和销售现代教育媒体器材及现代化教育软件的企业日益增加，教育硬件和软件已经在产业活动中占据了重要的地位，这就给教育技术的发展提供了坚实的物质基础。

（二）现代教育技术的发展历程

关于教育技术的产生时间，说法不一。美国有少数学者认为教育技术作为进行教育活动的手段、方法和技巧，其哲学基础可追溯到古希腊智者的学术思想，所以把语言技术、直观技术作为教育技术早期的两个阶段。表1-1-1所示的2×3框架，发展了这种思想，为了更清晰分析，把教育技术分为物化形态的和观念形态的两种类型。

图1-1-2　孔子及其弟子　　　　图1-1-3　竹简

又从其历史发展过程分为三个阶段。这样，远古时期的言传身教技术和通过竹简等进行教育的技术，就是手工技术时代的朴素教育技术（图1-1-2和图1-1-3）。

表 1-1-1　教育技术发展的 2×3 分析框架

技术特征 发展阶段	传统教育技术 （手工技术时代）	视听媒体教育技术 （机电技术时代）	信息化教育技术 （信息技术时代）
物化形态技术	竹简、粉笔、黑板、印刷材料、实物、模型等	幻灯、投影、广播、电影、教学机器电视	多媒体计算机、校园网、因特网、人工智能、虚拟现实等以数字化为标志的技术
观念形态技术	口耳相传、诡辩术、讲演术、孔子的启发式教学、苏格拉底的产婆术、直观教学法等	经验之塔理论、教育目标分类学、标准参照检测、程序教学、先行组织者、基于行为主义的教学设计、系统方法、细化理论、成分显示理论	网络课程开发、基于认知理论的教学设计、基于架构主义的教学设计、绩效技术、知识管理技术等

美国众多学者认为，教育技术产生于 20 世纪 20 年代的美国。最开始仅仅是在视听教育、个别性教学和教学系统方法三个领域独自进行发展。一直到了 20 世纪 60 年代才融合为一个由研究和实践所形成的同一领域——教育技术（图 1-1-4），这些使得教育技术的现代形式得以凸显，又被称之为"现代教育技术"。

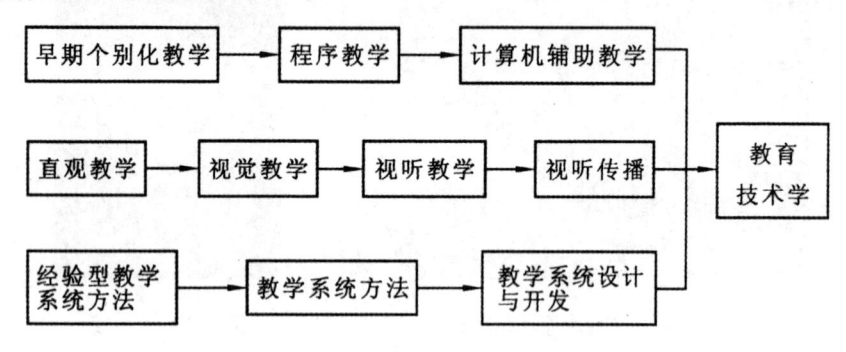

图 1-1-4　现代教育技术的演化

国内一些电化教育专家也把现代电子媒体在教育中的最早应用看作电化教育或现代教育技术的萌芽阶段。这样，根据现代电子媒体在教育中应用的情况，可以把现代教育技术的发展分为以下几个阶段。

第一章　现代教育技术基础内容与应用环境

1. 萌芽阶段（19 世纪末—20 世纪初期）

19 世纪后期，在幻灯机被人类发明之后，一部分人沿用夸美纽斯在《大教学论》中所提到的直观教学论，开始尝试使用幻灯来开展教学工作，幻灯也就成为在生活中进行应用的现代教育媒体，电化教育媒体拉开了现代教育技术或电化教育的帷幕。

实质上，在这以前就陆续涌现出一些电子媒体。1878 年，美国的爱迪生发明了电影放映机；1900 年，无线电传播人声试验成功。不过这些发明没有被立即用到教育中来。1908 年，美国一公司出版了《视觉教育》一书，对视觉媒体的教育应用进行了早期总结。发明大王爱迪生针对电影教学的应用方面十分看好，1993 年他曾经发出这样的预言："不远的未来在学校里面将会把书本完全废弃……既有可能通过电影来教导人们学习知识。在之后的十年当中，在学校当中将会进行彻底改造。"再往后，爱迪生所预言的事情并没有实现，但它对于以电影为主的视觉媒体的教育应用发挥着重要的推动作用，鼓励着众多视听材料制作商对产品的开发和教育工作者对产品的应用。

2. 起步阶段（20 世纪 20 年代）

在那个年代，幻灯、电影、录音等媒体的教育应用得以快速地发展，随即爆发了一场规模极大的教育革新运动——视觉教育运动（之后因为录音、有声电影等媒介的参与，演变为一场视听教育运动）。轰轰烈烈的视听教育运动主要来自于人们传统教育革新过程中所存在"言语主义"弊病的期望。"言语教学"在教学过程中所使用的是学生难以理解的词汇，需要学生谨记书本上普通的规则和概念，而这些概念往往是超出学生的经验范围的。它忽视学生感性认识的基础，片面强调抽象符号的学习，所以教学效果不佳。

活跃于 17 世纪的教育家夸美纽斯，首次提出教学本身所具备的直观性原则。在他看来，学校教学过程中应当使用具体的实物和图形，来对口语和书面教学方面的缺乏加以弥补。裴斯泰洛齐针对直观性教学原则多次进行强调，认为人自身的认知应当由感性的观察作为切入点，大力倡导直观性教学法。以杜威为代表的教育家也尝试从不同的视角强调，在学习过程中学生的主动性和直观经验发挥的重要作用。20 世纪前期，因为美国不同级别学校当中的人数不断增加，使得教学效率的提高就变得更加迫切。同时，科技的进展给教育革新提供了物质基础，幻灯、电影等在教育中的相继引入，使革新成为可能。20世纪20年代，视觉教育运动逐渐展开，并向学科建设、师资培训、专业交流和组织管理等方面深入。1920年，美国成立了"视觉教育全国研究会"，1922年成立"美国视觉教育协会"，1923年，成立"全国教育学会视觉教育部"，即后来的美国教育传播与技术学会（AECT），在视觉教育或视听教育运动中起到了领导作用。本时期又有很多总结视觉教育的成果出版物，如《学校中的视觉教育》《教育银幕》等。

20世纪20年代末，由于有声电影及广播录音技术在教育中的应用，原有视觉教学概念已经不能涵盖，视觉教学便发展为视听教学。

3. 初期发展阶段（20世纪30—40年代）

在这个时期，视听教育运动开始朝着纵向进行发展，涌现出大量的专门学校，比如广播学校。有声电影在教育当中的应用，尤其是在军队培训方面的应用还是相当成功的。二战时期，美国的工业和军队当中负责训练的部门制订出培养大量人才的计划，以备战时的紧急使用，使得电影教育得以有效地使用。美国联邦政府还出台各种政策，鼓励民众更为广泛地使用媒体，还拿出巨款来推进媒体技术的应用。这些做法起到了立竿见影的效果，在短短6个月中，他们就把1200万缺乏军事知识的人训练成为陆、海、空作战部队；把800万普通男女青年，训练成为制造军火、船舶的技术工人。关于此时期美国电影教育应用的效果，还可以从二战后德军总参谋长的总结中看出。据相关人士分享，他在经历战败成为俘虏后特别指出："我们对于所有因素都进行了精确计算，唯独没有计算到美军训练的速度，我们犯下的最大错误是完全低估了他们通过学习掌握电影教育的速度。"正是在这个阶段，视听教育方面的专家戴尔所主张的著名的"经验之塔"理论，在视听教育领域发挥着重要的理论指导作用，还有加涅等人在军队当中所参与的工作，也为教学设计奠定了良好基础。

4. 迅速发展阶段（20世纪50—60年代）

20世纪50年代后，越来越多的电子媒体被应用到教育中。50年代电视、程序教学机等用于教育；60年代电子计算机用于教育。

20世纪50年代末，心理学家斯金纳根据其操作性条件反射理论，提出了程序教学理论，用他设计的教学机器进行教学，掀起了程序教学运动。在斯金纳的有力推动下，有数十种教学机器陆续问世，程序教学活动在美国乃至世界各地广泛试验和推行。

1958年，由 IBM 公司创建的沃斯顿研究中心自行研制出世界上第一套用于计算机辅助教学的（CAI）系统，使用一台 IBM650 计算机与电传打印机进行连接，来为学生教授二进制算术，该系统具备可以为学生显示具体的教学内容、提问、接收学生的回答和反馈等功能。不久，来自美国伊利诺斯大学和 CDC 共同合作开发出 PLATO 系统，借助于终端设备来完成与学生之间的教学会话，于 1960 年投入使用。在 1962 年和 1964 年，这个研究组分别推出 PLATO-Ⅱ和 PLATO-Ⅲ，其中 PLATO-Ⅱ连接了两个终端，是世界上第一个多终端 CAI 系统，PLATO-Ⅲ则可连接 20 个终端。

此间，因为在教学过程中先后使用了语言实验室、电视、教学机、多媒体组合系统、计算机辅助教学等，原本所使用的"视听教育"已经无法实现该领域的拓展，所以，由视听教育部牵头于 1961 年建立起"定义与术语委员会"，并把该领域命名为"教育技术"。

5. 系统发展阶段（20世纪 70—80 年代）

从 20 世纪 70 年代开始，教育技术走上了一条系统化发展的道路。新兴的闭路电视系统、计算机教育系统和卫星电视系统相继进入教育行业，大众开始纷纷采纳有关系统论、信息论、控制论的观点和方法，教育技术行业出现了围绕系统方法对于教育各个因素进行整体考察的观念，意味着教育技术正式走出单独聚焦媒体的误区。

本阶段，视听教育运动的领导性组织"视听教育部"更名为"教育传播与技术学会（AECT）"。

6. 网络化、信息化发展阶段（20世纪 90 年代后）

进入 20 世纪 90 年代以来，微型计算机的性能迅速提高，多媒体技术、人工智能技术与网络技术得到了相当大的发展。这些技术被应用到教育中，对教育的影响更加广泛和深入。特别是计算机网络的教育应用，导致教育理念与方式等方面的深刻变革，展示了生机勃勃的发展前景。

美国于 1993 年 9 月正式制订出关于建设"国家信息基础设施"的计划，设定的主题为：全面发展围绕着 Internet 所开展的综合化信息服务体系和积极推行信息技术在社会当中各个阶层的大规模应用，尤其是要把教育当中 IT 的应用看作是进入 21 世纪进行改革的主要方式，信息化教育的概念也就慢慢兴起。美国的这些做法引来全球各个国家的积极反应，众多国家的政府纷纷开始制订推动本国教育信息化的计划，在全球范围内掀起波澜壮阔的信息化教育浪潮。

20 世纪 90 年代初期，欧盟发布了题为《信息社会中的学习：欧洲教育创意行动规划（1996—1998）》的文章，旨在加速学校的信息化进程，欧盟各国先后制订了各自的学校信息化发展计划。如德国发起的关于在三年内使 1 万所学校联网的动议；1995 年，法国政府设定了大量关于教育信息化的课题，构建起大量的网络信息资源，让 13 个学区的学校先实现联网等。同年，英国政府也制订并出台了"教育高速公路——前进之路"的行动计划，将会使国内 400 家教育机构首次实现联网，并拨款 1200 万欧元用来建设 23 个实验课题。

在"信息高速公路"建设的基础上，各国也都纷纷推进了教育信息化工作。同一时间内，世界各个国家的远程教育进行了一次质的飞跃。比如大洋彼岸的美国通过开始构建有关远程教育的示范项目和网络教育委员会等方式，成为当前在远程教育领域有着最大规模的国家；英国作为最早开始发展远程教育的国家，最近这几年也开始大力发展以网络为基础的远程教育。

与现代教育技术相关的内容虽说不仅仅局限于计算机和网络方面的应用，可是正因为依靠计算机和网络等方式，使得现代教育技术正进入一个出现众多新领域和新范型的全新发展的时期。

第二节　现代教育技术的理论基础

现代教育技术所涉及的多个学科的相关理论相互交叉、相互渗透，它们的发展变化使现代教育技术的理论基础发生变化，推动着现代教育技术向前发展。本节简要介绍对现代教育技术发展影响较大的几种理论。

一、学习理论

学习理论是研究人类学习的本质及其机制的心理学理论。研究人员分别从不同角度对学习理论进行研究，从而产生了各种学习理论的流派，这些理论各有特点，相互补充，适用于不同的情形，为人们探讨学习中的问题提供了不同的视角。其研究结果是现代教育技术对教与学过程和资源进行分析、设计、开发等的重要依据之一。

学习理论构成了教学理论的基础。教学理论和学习理论是相互依赖的，解决的是教师如何教的问题，而学习理论为教育工作者提供了发现一般教学原理的最切实的起点。如何才能对教学情境中的关键因素进行有效的控制，答案大多来自对学习理论的研究。可以说，一种有效的教学理论必须建立在有关的学习理论基础之上。

学生是学习过程的主体，促进学生学习是现代教育技术要达到的目的。由于学习理论的研究内容就是人类学习过程的内在规律，因此学习理论应该是现代教育技术最重要的理论基础。鉴于此，以下将对学习理论进行阐述，旨在使读者对这些理论的基本观点和应用有一个基本的了解。

（一）行为主义学习理论

1. 行为主义学习理论的基本观点

在行为主义学习理论看来，学习是一种刺激与反应之间的连接，有机体接受了来自外界的刺激之后就会产生与之相对应的反应，这样的刺激与反应之间所建立的联结（S—R）就被称为学习。初期行为主义学习理论的代表人物包括桑代克（EdwardLee Thorn-dike）、华生（JohnB. Watson），斯金纳（B. F. Skinner）等人则是新行为主义学习理论的代表人物。

行为主义学习理论主张研究人类外显的反应。桑代克开创了通过动物实验来研究学习机制的方法，并提出学习的试误说，认为学习是在不断"尝试—错误"的过程中产生的。

华生是行为主义心理学的创始人，很好地继承了动物实验的方法，对于所有的传统的、内省的、以及围绕"心灵""精神"所开展的不是很"科学"的研究，所追求的是通过自然科学的方法来对有机体的行为进行研究。初期的行为主义心理学觉得，学习是一个在刺激情境（S）与有机体自身的反应（R）之间构建连接的过程，学习结果所展现的是在特定环境中接受的刺激与发生反应之间所建立的联结。这种观点支持了视听教育中用媒体不断呈现信息来进行教学的模式的发展。

13

20世纪50年代，以斯金纳为代表的新行为主义者发展出行为主义学习理论的观点，认为在S-R之间联结建立（学习）的过程中，强化是其成功的关键。

新行为主义学习理论的内容简单可概括为刺激—反应—强化。该理论看来学习获取成功的核心在于强化，唯有历经强化的过程，方可营造出最好的学习环境，进一步激发学生进行学习的动力。在开展教学的过程中，针对学生正确的好行为要适当地给予鼓励和表扬，对于惩罚等一些消极强化方式要尽量少用，唯有对正确的"反应"不断进行强化，而对错误的"反应"加以削弱，方可达到预想的效果。新行为主义学习理论认为，只有将教学内容分解为一系列小的教学单元，在强化的帮助下对这些小的教学单元的内容进行学习，才能充分提高强化的频率，把出错带来的消极反应降低到最低程度。斯金纳在条件反射实验的基础上，根据刺激（提问）—反应（回答）—强化（确认）的原理，制定了程序教学的基本原则。

该理论对于由主体内部心理活动所产生的作用是否认的，觉得学习的起因是属于一种外部刺激所产生的反应，而学习本身与主体内部心理活动的过程是毫无关联的，所以就被看作是"暗箱"。正是以这种观点作为依据，人们把整个学习的过程看作是以被动的方式对外界刺激加以接受的过程，把知识传授给学生是教师职责所在，而把教师所教知识加以接受和消化则是学生的任务。因为新行为主义理论始终认为，认识来自于外界的刺激，并且可以通过行为目标来检查和控制学习效果，因此它在许多技能性训练、作业操练和行为矫正中十分有效。

行为主义心理学从20世纪20年代到20世纪50年代占据了心理学的主导地位，行为主义学习理论在教育技术领域促进了视听教育、程序教学及早期计算机辅助教学的发展。但行为主义学习理论有很多不足。它完全否认了人类学习的内在心理机制，把动物实验的结果生硬地外推至人类的学习，忽视了人类的主观能动性，难免走向机械主义和环境决定论。

2. 行为主义学习理论对教育技术的启示

在教育技术行业当中，由学者斯金纳所提出的学习理论很好地带动了20世纪50—60年代在美国甚至其他一些国家所盛行的程序教学运动，不但使学习理论进一步科学化，加快了心理学与教育学之间的有机结合，使得教学手段更加现代化和科学化，从而为将来计算机辅助教学的发展提供了坚实的理论基础。与此同时，与程序教学相关的学习原则和与程序教材开发相关的系统方法对于教学设计理论和实践的发展产生了直接的影响。

(1) 对计算机辅助教学的推动

计算机辅助教学是依靠课件设计方面的最优化来呈现个别化学习，进而使教学效率和质量得到提高的教学。所以，刚开始的计算机辅助教学可看作是程序教学的一种延续，而程序教学为发展计算机辅助教学奠定了坚实的基础。由斯金纳所提出的关于程序教学的五项基本原则（主要包括小步子原则、及时强化原则、低错误率原则、积极反应原则、自定步调原则）在设计计算机辅助教学课件的过程中提供了极为宝贵的参考价值。基于"积极反应原则"和"及时强化原则"设计的课件，在不断产生刺激—反应的过程中给予学生及时强化，能够有效地推动学生的学习进程。现在，计算机辅助教学的内容和方法虽然有了很大的发展，但是基于程序教学的个别指导模式仍然是其中的重要模式。此外，当前仍然大量使用的操练与练习型课件也遵循了行为主义的"刺激—反应—强化"原理。

(2) 在教学设计中的应用

教育技术是从视听教育开始的，随后在思想和程序教学的参与下，推动了现代教育技术的发展。教学设计的系统化——教育技术当中重要的部分是教学设计，虽说在很久之前就存在针对教学过程进行系统化设计的想法，但对教学过程的系统化设计真正进行推广，并产生很好效果的则是程序教学理论。程序教学理论会先说明学生应当达成的教学目标，即明确行为目标，其意义是强调学生的行为以及产生行为的条件，即将学生的学习任务具体化、明确化，以便根据目标对学生效果进行测量与评价，以了解学生能力所达到的程度。这种针对学生个人能力所进行的测量，所依据的并不是与其他学生之间的对比，而是预先所设定的目标。该理论可以促使人们对于开发教学设计的过程加以重视——从诠释教学目标作为开始，分析具体的教学对象，为教学内容设定顺序，开展试验性测试，制作多媒体课件，直到最后的教学实施。

(二) 认知主义学习理论

1. 认知主义学习理论的基本观点

认知主义学习理论是在批判行为主义学习理论缺陷的基础上发展起来

的，认知学派的核心观点是，学习并不是机械的、被动的刺激—反应的联结，学习在于主体内部认知的变化，要通过主体的主观作用来实现。认知主义学习理论的主要代表人物有科勒、皮亚杰、布鲁纳、奥苏贝尔和加涅等。

来自瑞士的心理学家皮亚杰创立了知名的"认知结构说"，觉得认知是在主体向着客体进行转变的过程所衍生出的结构性动作和活动，开展认知活动是为了让主体更好地适应自然中社会环境来实现主体与环境之间的平衡，主体依靠动作来适应客体并带动认知往前发展。"认知结构"说所看重的是认识过程中主体所产生的能动作用，强调重新知识与以往所搭建的认知结构进行联结的过程，表明了只有学习者把外来刺激同化进原有的认知结构中去，学习才会发生。

认知主义学习理论认为，人的认识不是由外界刺激直接给予的，而是认知主体内部心理过程和外界刺激相互作用的结果。根据这种观点，学习过程被解释为每个学习者根据自己的态度、兴趣、需要和爱好，利用过去的知识与经验对当前的外界刺激做出主动的、有选择的信息加工过程。教师不再是简单地向学习者灌输知识，而是首先要激发学习者的学习兴趣和学习动机，然后再将当前的教学内容和学习者原有的认知结构（过去的知识和经验）进行有机的联系；学习者不再被动接受外界刺激，而是主动地对外界刺激提供的信息进行选择性加工。

奥苏贝尔觉得学习是对于认知结构所进行的组织与重新组织，看重的是已存留的知识和经验所起的作用，看重学习材料内部存在的逻辑结构。奥苏贝尔提出有意义的学习理论。此处所说的有意义学习，本质上指的是符号本身所指代的新知识与学习者认知框架中已经存在的由相关的知识所搭建的非人为和本质性的联系，也就是不是任意性、字面上建立的联系。也就意味着，这样的联系并不属于那种通过牵强附会或逐字逐句所建立的联系，而应是实质性的联系，他认为，学习变化的实质在于有内在逻辑结构的教材与学习者原有的认知结构产生相互联系，新的知识发生相互作用，新材料在学习者头脑中获得了新的意义。

伴随着认知主义学习理论的一步步发展，仅仅以构建在行为主义学习理论基础之上的教学设计不断被人们所批评。在这样的环境当中，国际知名的教育心理学家罗伯特·加涅（RobertM. Gagné）把行为主义学习理论和认知主义学习理论进行融合后，提出了不但要注重来自外界的刺激（条件）以及产生的反应（行为），同时还要注重可以发挥心理作用的"联结—认知"学习理论，属于一种折中的观点。该理论认为学习的发生要同时依赖外部条件和内部条件，要通过安排适当的外部条件来影响和促进学习者的内部心理过程，使之获得更理想的学习效果。目前流行的以教为主的教学设计模型中，绝大部分都是以这种折中的学习理论作为理论基础的。

2. 认知主义学习理论对教育技术的启示

（1）基于认知主义学习理论的教学设计

认知主义学习理论所蕴含的是一个关于学习的内在心理的过程，所以也就成为众多教学理论的基础所在，深深影响着教育技术行业中的教学设计。教学设计当中所包含的学习任务分析、学习者分析、制定教学策略等都与认知主义学习理论当中描述的学习规律方面息息相关。把认知主义学习理论相关的设计原则作为基础主要呈现在以下几个方面。

①用直观的形式向学生显示学科内容结构，使学生了解教学内容中所涉及的各类知识元之间的相互关系。

②学习材料的呈现应该与学生的认知发展水平相适应，应该按照由简到繁的原则来组织教学内容。

③学习只有理解才能有助于知识的持久和可迁移。

④通过对学生进行认知反馈可以对他们已有的正确知识加以确认和对于错误学习进行纠正，虽说行为主义学习理论也很看重反馈，只不过认知主义学习理论通常把反馈当作一种假设性的检验。

⑤学生自行设定目标是促进学习的重要因素。

⑥学习材料既要以归纳序列的形式提供，又要以演绎序列的形式提供。

⑦学习材料应该体现辩证冲突，适当的矛盾有助于引发学生的高水平三维。

（2）运用多媒体促进有意义学习

传统的教学方式是以语言为主，在很多的场合下表现为效率偏低、晦涩难懂。处于现代教育技术环境当中，借助于各种媒体技术促使教学内容有着更加丰富的表现方式，传统的课堂授课与多媒体表现技术之间的巧妙融合能够使课堂教学得到优化，使得学习变得更有意义。

17

①在使用多媒体的时候，可以同步提供声音、图像、动画、文字等信息，通过多个感官来对学生进行刺激，不但可以调动学生的兴趣和注意力，还对学生记忆很有帮助，进而获取良好的教学效果。

②多媒体可以直观地呈现教学内容，甚至能够展现微观世界和超高速的运动，从而使学生更容易理解和掌握事物的本质，更有利于新旧知识的同化，形成有意义的学习。

③多媒体可以与网络技术、存储技术结合，快速地进行大量信息的传输与存储，有利于学生掌握更多的信息与知识，实现更加高效、优化的学习。

此外，认知主义学习理论还促进了计算机辅助教学系统向智能教学系统的转化，通过对人类思维过程和特征的研究，可以建立起人类认知思维活动的模型，使得计算机能够在一定程度上完成人类教学专家的工作。

二、教学理论

（一）赞科夫的发展教学理论

1. 发展教学理论的基本概述

赞科夫所提出的"一般发展"，指的是儿童心理层面的一般发展，它的内容主要包含儿童在智力、情感、意志等方面以整体的、和谐的状态进行发展。在赞科夫看来，在学生的一般发展当中，智力的发展虽说是很重要的部分，但是也要看重学生个人的情绪、意志、好奇心和动机等各种心理因素，所以整个教学工作不但要让学生完成对于知识和技巧的掌握，还要带动这些因素不断发展。这就需要教师在教学活动当中使用以下措施来帮助学生进行一般发展。

（1）强调激发学生学习的内部动机，使学生成为学习的主体，主动学习。

（2）强调学生情绪的和谐和意志力的培养，教师要帮助学生建立和谐的师生关系和同学关系。

（3）强调安排教学材料时难度要有一定的挑战性，以激发学生的学习兴趣。

2. 发展教学理论的教学原则

（1）以高难度进行教学

赞科夫认为，教学不应当仅仅驻足于学生当前的发展水平上，而应当把教学任务放在学生最新发展层面上，在学生前面带领其发展，持续带动学生的发展，这些就要求设定的教学目标适当具有一些难度。要使学习内容的难度有所提高，以便学生在学习过程中尽力进行思考。若教学内容设计过于简单，学生根本不需要付出过多努力就可以完成，就容易打击学生学习的积极性；如果教学内容的难度非常大，学生即便是做出很大努力仍然不能完成，就会使学生产生严重的挫败感，不利于学生的发展。

赞科夫创立"以高难度进行教学"的时候，特别提出要把控好难度的尺寸。这就需要在开展高难度教学的时候，教师所提供的教材一定是学生可以理解的，不然的话学生就会因为无法对教材进行充分理解被迫选择机械记忆，致使学生难以开展深入研究和一般发展。

日常生活当中，时常会看到这种现象：桃树上所结的桃子比较高，孩子因为身高有限而无法摘取桃子，若是成年人在旁边扶孩子一把，或者引导孩子使劲往上跳，就可以把起初够不到的桃子顺利摘下来。这些正是对于赞科夫所提出的以高难度开展教学原则的形象说明。当然，正如前面所说的，在运用这一原则时，要注意把握难度的分寸：给学生提供的教材一定是学生能够理解的，否则只能适得其反。

（2）以高速度进行教学

这个并不意味着教学速度不断加快时，教学效果就越好，而是对教学当中那些单调重复过好多次的旧课程致使整个教学和学习的速度放慢的情况进行否定。否则，容易导致学生的智力驻足不前，削弱了学生学习的积极性，成为开展高难度教学的障碍。通过高速度来开展教学是为了不断增加教学的具体内容，从而调动学生的学习兴趣，也为学生汲取知识创造了良好的条件。

（3）理论知识起主导作用

这并不是不重视掌握技巧，而是要求学生在一般发展的基础上尽可能地理解有关的概念、规则和原理，并在此基础上形成和发展技巧。

(4) 使学生理解学习过程

这就是要求学生在掌握知识和技巧的同时，还要理解其中所包含的思维过程，如知识之间如何联系、学习过程中错误产生的原因及防范办法等。

(5) 使所有的学生都得到发展

这个需要透过两个层面来进行考虑：一是要尝试发现差生，使他们的学习成绩得到提高，便于他们的个性得以更加全面协调地发展，防止出现留级和辍学的现象；二是协助成绩良好的学生不断发展自我，尽可能避免高分低能的现象。

上述的五个原则主要是为了展现指导和调节教学在发展过程中所发挥的作用，尽可能激发学生的积极性，便于学生产生有关学习的内部诱因（觉得唯有当教学可以引起和发展学生对学习的内部诱因时，整个教学方可超越发展，走在其前方）。由此可见，赞科夫教学论思想的核心是：教学要充分引起和发展学生对学习的内部诱因。

(二) 布鲁纳的发现教学法

1. 发现教学法概述

发现教学法是教师提供适合学生进行再发现活动的教材，学生通过自己的探索、尝试，发现知识，以培养学生提出问题解决问题的能力的教学方法。早在18世纪和19世纪，法国教育家卢梭和美国教育家杜威等曾经提倡过发现教学法。进入20世纪60年代，美国心理学家布鲁纳参考心理学家皮亚杰所提出的智力结构发展理论，认为每个独立的学习都会有其基本结构，要想使学生进行发明创造的能力得到培养，不仅要引导学生把学习整体的框架烂熟于心，对于学科的基础概念和原理加以理解，同时还要挖掘学生内在的探索精神，透过学科内容来调动学生的积极性。布鲁纳认为，采用发现教学法就可以达成上面所说的目标。

2. 发现教学法关于教学设计的原则

发现教学法关于教学设计的原则如下。

(1) 要想使学生在具体的环境当中通过主动发现原则的方式来汲取知识，教师就一定要把具体的学习情境和教材性质清楚地进行讲解。

(2) 教师在教授知识的时候一定要依照以往学习的经验来对所使用的

教材加以编排。

（3）对教材自身的难度和逻辑方面的先后次序方面，一定要根据学生心智发展水平以及认知的表现方式来给予适当的安排。

（4）在教材的编排方面，一定要对长久给予学生学习动力加以考虑。

（三）巴班斯基的教学过程最优化理论

1. 教学过程最优化的基本观点

巴班斯基把辩证的系统论观点作为教学论研究的方法论基础，用整体性观点、相互联系观点、动态观点、综合观点、最优化观点等指导教学论研究，提出了教学过程最优化理论。这就是说，巴班斯基的理论把构成教学过程的所有成分、师生活动的一切内外部条件，都看成是相互联系的，在相互联系中考察所有教学任务和完成这些任务可能采用的形式与方法。所以，针对教学方面的最优化并非是一种独特的教学手段，而是要对于教学进行科学的指导、对于教学当中的方法论原则要进行合理地组织；教学过程最优化指的是教师对于教学规律、教学任务、教学原则、现代教学具体的形势和方法、教学系统的特征以及外在条件进行全方位考虑的基础之上，围绕教学过程所进行的细致安排，也就是教师在针对某个具体的条件时，会科学地、下意识地选择一种与之最为适合的教学模式和教学过程，通过把控整个教学过程，促使教学过程可以在特定的时间里通过特定的标准来显示出其最优作用，从而产生最好的效果。

需要注意的是，在巴班斯基的教学过程最优化理论中，"最优"一词具有特定的内涵，它不等于"理想"，也不同于"最好"。"最优"是指一所学校、一个班级在具体条件的制约下所能取得的最大教学效果，也是指学生和教师在一定场合下所取得的全部可能的教学结果。最优化是相对一定条件而言的，在一定条件下是最优的，但在另外的条件下则未必是最优的。巴班斯基的教学过程最优化理论充分体现了辩证法的灵魂——对具体事物进行具体分析。

2. 教学过程最优化的基本标准和分类

教学过程最优化的基本标准主要包括两个方面：一是效果标准，指的是每个学生需要同时在教学、教育和发展三个方向都可以达成这个时期当中实质上可能会达到的水平（但一定要高于规定的及格水准）。这个标准主要包括三个层面：第一，要分别通过学习成绩、品德修养和职能发展来使三个方面产生均衡的效果；第二，对于效果进行评价需要依据客观标准，比如国家正式规定的教学大纲等；第三，评价的时候要设定具体的条件和真实情况。另一个是实践标准，就是教师和学生都需要对于课堂教学和家庭作业中的时间规定加以严格遵守。将这两个标准具体化，可以把教学过程最优化的标准规定如下。

（1）在形成知识、技能和技巧的过程中，在形成某种个性特征、提高每个学生的教育和发展水平方面可能取得的最大成果。

（2）师生用最短的必要时间取得一定的成果。

（3）师生在一定的时间内花费最少的精力取得一定的成果。

（4）为在一定时间内取得一定的成果而消耗最少的物资和经费。

教学过程最优化主要包括总体最优化和局部最优化，总体最优化指的是将教学、教育和发展进行综合解决的任务作为目标，把时间、精力和经费等方面的消耗最少作为评断最优化的标准，并把这些作为要求来带领校领导、全体师生和家长合力完成最优化的任务；而局部最优化则是把总体目标当中一部分或依据个别的标准来进行最优化。

巴班斯基由辩证的系统架构理论作为切入点，促使发展性教学所取得的一切研究成果都可以在教学过程最优化理论体系当中处于一个合适的位置，采用教学过程最优化所展现的是发展性教学所产生的最优效果。所以，虽说该理论体系暴露出优化流程烦琐、培养学生创造力方面没有给予重视等缺点，但它本身依然属于一个颇具价值的理论体系。

第三节 现代教育技术应用环境

一、多媒体网络教室

（一）多媒体网络教室概述

所谓多媒体网络教室，指的是以常见的计算机机房作为基础，经由信息传递的媒体来完成各个计算机的连接，进而使教学以及具有辅助管理功能的教学系统得以实现。多媒体网络教室是计算机网络技术得以在教学领域加以使用的一种体现。在功能设计方面尤其要格外留意教学性，为的是让传统教学媒体或教学系统当中很难解决的教学或管理问题得到有效解决。

（二）多媒体网络教室的基本构成

1. 系统结构

多媒体网络教室一般由硬件系统和软件系统两部分组成。硬件系统一般以多媒体计算机系统为核心，并可配有视频展示台、大屏幕投影、录音机、功放等多种教学设备。多媒体网络教室的结构如图 1-3-1 所示。

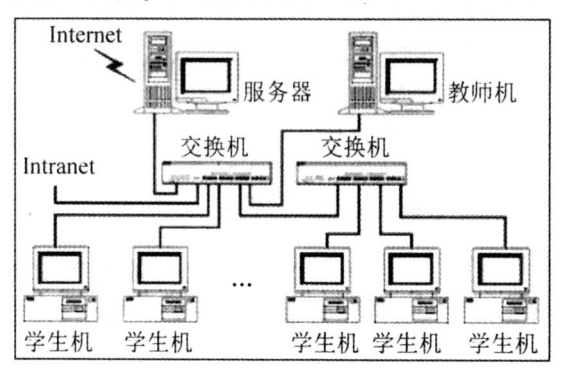

图 1-3-1　多媒体网络教室系统结构

2. 设备选择与安装

依照多媒体网络教室组成部分及其特征，在对设备进行选择时，需要考虑不同媒体设备所具有的配套性和兼容性、在系统当中媒体设备所发挥的作用以及设备的质量和性价比等多种因素。

（1）多媒体计算机，是整个多媒体教室的核心所在。在系统当中，不但是开展计算机教学的媒体，还是参与网络连接的设备，同时还有可能作为中央控制系统的操作平台。因为它时常处于多个任务同步推进的状态，所以要尽可能地使用那些运行速度较快、有着充足内存，配备着声卡、网卡、有着较强纠错能力，而且稳定运转的多媒体计算机。因多媒体教室的计算机要适配不同课程的教学，因此软件的配置要兼顾不同课程的需要。对于没有安装还原保护卡的计算机，应安装系统保护还原软件，以防由于误操作等引起的故障。

（2）视频展示台。

（3）投影仪。

（4）音响设备。多媒体教室当中所配备的音响应当选择那些有着较宽频响、较高保真度的系统，来与多媒体教学相契合，同时话筒还要有混响功能，有助于教师在通过多媒体播放内容的时候可以同步进行讲解和评论。

（5）功放。功放是一个用来对有着多路音频信号进行选择和控制的中心设备，可以在任何一个时间点来对音频信号进行切换，并把它传送到音箱来完成输出。依据教学当中的实际需求来对功放具体的类型和支持的音频信号进行确定。

（6）视频切换器。视频切换器是针对多路视频信号进行选择和控制的中心设备，透过计算机、视频展示台来完成对多路信号的切换，并把信号传递给投影仪。

（三）多媒体网络教室的教学应用

多媒体网络教室在设计上是有差异的，不同的多媒体网络教室在功能上也不尽相同。大多数多媒体网络教室通常具备以下基本功能。

1. 屏幕监视

屏幕监视功能界面如图 1-3-2 所示。教师可实时监视每个学生的计算机屏幕，观察学生的学习情况，这样教师不用离开座位便可观看学生对计算机的操作情况。可对单一、群组或全体学生进行多画面和单一循环监视。

图 1-3-2　屏幕监视功能界面

2. 遥控辅导

教师可以通过远程的方式来接管所选择的学生机，使用键盘和鼠标来来对学生机进行控制，并通过对学生进行远程遥控，引导学生来做完相应的学习操作，带领学生以"手把手"的方式来开展交互式辅导教学，来实现遥控辅导功能（图1-3-3所示）。在这个过程当中，教师可随时对于学生操作的计算机的键盘和鼠标进行允许或锁定。教师通过遥控辅导教学的过程中可对学生的计算机屏幕进行实时监视，还可以与处于被遥控状态的学生进行互动交流，在开展遥控辅导的时候还可以考虑使用电子教鞭。

图1-3-3 遥控辅导功能界面

3. 教学示范

教师在进行屏幕监视和遥控辅导时可使用转播教学功能，教师可选定一个学生机作为示范，由学生代替教师进行示范教学，该学生机的屏幕及声音可转播给其他学生，增加学生对教学的参与度，提高学生学习的积极性。在此过程中，教师可随时使用电子教鞭功能进行教学示范。

4. 师生对讲

教师可与任意指定的学生进行实时双向交谈，教师可以选择是否允许其他学生旁听。

5. 分组讨论

教师可对教室内的学生进行任意分组，每个小组的学生通过文字、语音、电子白板进行交流，教师可随时插入任意小组，并参与讨论，小组内允许多个学生同时交流。

6. 消息发送

模仿电子邮件功能，教师与学生可选择发送对象，相互发送信息，同时提供附件插入和粘贴复制功能。教师可以允许或禁止学生使用消息发送功能。

7. 电子抢答

教师在电子抢答组中使用电子论坛或电子白板提出抢答题目，组织学生进行抢答，抢答过程受教师控制。

8. 文件分发

教师可以将本机的应用软件、文本文件、图片等数据传送给指定的一个、一组或全体学生。文件分发功能界面如图 1-3-4 所示。

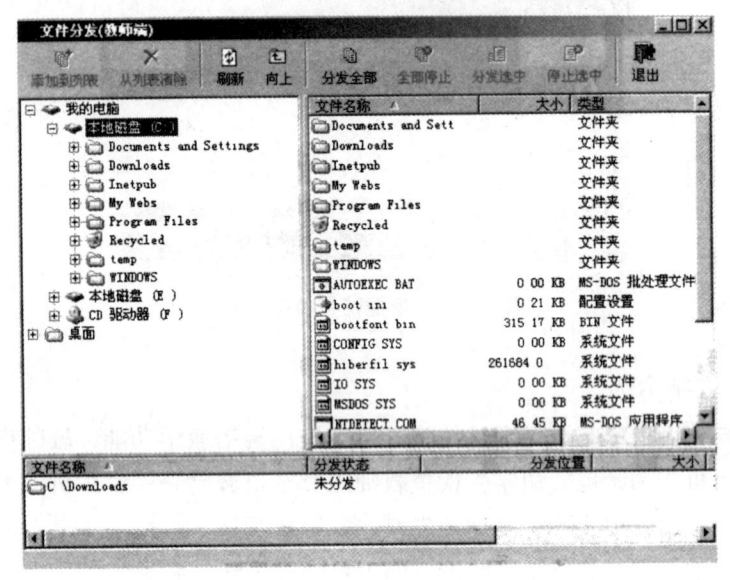

图 1-3-4　文件分发功能界面

9. 网络考试

网络考试是对传统考试的一种改进，它可以对网络所提供的无限广阔的空间加以使用，可以使学生随时随地进入考试状态，还有所使用的数据库技术，很好地简化了整个考试流程。数据库由服务器端来进行管理，客户端可以透过浏览器登录网站的方式来完成考试。它以题库的操作作为基础，能够自主地进行组卷、阅卷和分析，极大地缩短了考试周期。

二、数字校园网络

(一) 数字校园网络的基本概念

21世纪是人类全面进入信息化社会的时代，随着IT技术对社会各领域的渗透，校园数字化建设越来越受重视。在国家教育信息化和"校校通"工程的背景下，实现校园网的信息化是各级学校的重要任务，数字校园网络也成为校园信息化建设的主要方向。

此处所说的数字校园网络，指的是为了使学校当中开展教育教学的各样需要得到满足，把遍布于校园内部的不同位置的计算机，经由通信线路和网络协议来进行连接，从而使资源供销和互相通信的计算机集合得以实现。搭建校园网是为了在传统校园的基础上建造一个数字空间，来使校园当中的时间和空间维度得到进一步拓展，进而拓展传统校园的功能，最后使得教育的全面信息化得以实现，从而使教学工作、科研工作和日常办公管理水平及效率能够有效地提高。

(二) 数字校园网络的网络结构

为了便于深入研究数字校园网络，通常用结构化的方法对其进行研究。按照不同的研究目的，可以将校园网划分成不同的结构。为了研究校园网的功能，将校园网分为基础设施层、支撑服务层、应用层和信息服务层，如图1-3-5所示。

(1) 基础设施层是数字校园的基础设施。它是校园数字信息传输、存储的硬件基础。它主要包括双绞线和光纤等校园网络的传输介质、各种服务器和客户机。

(2) 校园数字信息得以流动的软件基础是支撑服务层。它所供应的是有关信息传输和处理的基础服务，使得支撑网络应用系统功能得以实现。它的内容主要包含电子邮件、信息发布、文件传输、域名服务、身份认证的统一、工作流等基础服务。

(3) 应用层所包含的是各种不同的应用系统，来使校内外所有用户的不同需求得以满足，并为不同类型的用户（比如校园网络管理用户、师生用户等）提供数字化的信息服务。它的内容主要包括办公自动化系统、教务管理系统、科研管理、网络教学系统、图书资源与管理系统等。

```
         ┌──────────────┐
         │  信息服务层    │
       ┌─┴──────────────┴─┐
       │     应用层         │
     ┌─┴──────────────────┴─┐
     │     支撑服务层         │
   ┌─┴────────────────────┴─┐
   │      基础设施层          │
   └────────────────────────┘
```

图 1-3-5　校园网功能层级

（4）信息服务层是将各个应用系统的功能和信息有效地集成在一起，并通过对数据信息的挖掘与分析，为学校决策层提供信息支持。

（三）数字校园网络的功能

数字校园网络的功能是建立在计算机网络的两个基本功能之上的，即建立在数据通信和资源共享基础之上的，进而实现网络办公、师生信息交流、学习资源的发布和共享等。

1. 学习资源的发布与共享

校园网的特点包括开放性、及时、便捷传递信息。我们要对校园网所具有的特点加以利用，好使学习资源得以在校园网上发布，来供给师生进行使用。除此以外，还可以在校园网上搭建专门用于学习的平台，并在该平台上通过网页、视频点播、教学资源库、FTP、BBS、电子图书、BLOG等方式来分享学习资源。同时还可以创建专门用于学习的网站，学生登录网站之后能够通过计算机教学软件来完成学习任务。

2. 提供师生信息交流平台

教学是一种师生之间进行交互的行为。为了帮助师生更好地在校园网上开展学习交流，校园网一定要为师生提供可进行网络交流的系统。师生在校园网上进行交流的平台主要包括：聊天室、BLOG、网络电话、BBS、电子邮件等。以这些交流平台作为依托，教师对于学生在学习当中所遇到的问题可以第一时间发现并解决；学生也可以把学习当中的问题及时反馈给教师，以便教师对教学策略进行及时调整。

校园网是一个可以容纳多个用户的交流平台，具有较长的时效性，师生可以在同一时间且在一个比较自由、宽松的环境下进行相互交流，有利于学生自主学习和创新能力的培养。

3. 网络办公管理

通过校园网在学校内建立一个多任务、多功能的综合性自动化办公系统，可以实现学校办公自动化、文档一体化和校务工作信息化。其主要表现为：实现了信息（文字、图片、视频）的发布和信息管理、文件传递与批阅、公文流转与分发、学生成绩管理和发布、学校人事管理、教职工工资管理。

第二章 教学媒体的种类及应用

信息传递的过程与媒体密切相关,教学过程是一个教育信息持续传播的过程。为了使各项教学活动有效进行,教学媒体在教学当中发挥着重要的作用。伴随着信息时代的到来,科学技术得以快速发展,教学媒体不断更新,使得围绕教学媒体自身的功能、特性、使用技术所进行的研究成为教育者在现代化教育环境当中开展教学工作的基本要求,也是作为一名现代教师应当具备的基本素质。

第一节 教学媒体

一、教学媒体概述

(一)媒体

"媒体"这个词最早来自于拉丁语"Medium",音译后是媒介,意思是两者之间。它指的是信息传递的过程当中,由信息源到受信者之间负责承载并传递信息的载体和工具,也可以指代使信息从信息源传递至受信者得以实现的所有技术手段。媒体的含义包含两个层面:一是作为承载信息的载体;二是指对信息进行传递和储存的实体。

媒体指的是装载着信息的物体。《辞海》当中的注释是这样的:媒介是"使双方发生关系的人或事物"。那么,没有承载信息的物体,例如,没有内容的白纸、空白磁带、胶片等不能介绍或引导双方发生关系,因此它们不能称为媒体,而只能说是书写、印刷或录制的材料。白纸上印上新闻成为报纸，磁带录上音乐信息符号成为音乐带，这时，承载了信息的纸张、磁带才能称之为媒体。

通常会把媒体划分为硬件和软件两大部分：硬件指的是那些对信息进行储存和传递的机器和设备，如照相机、投影机、幻灯机、录像机、录音机、电视机和计算机等；而软件指的是那些用来对信息进行储存和传递的纸张、磁带、胶片和光盘等。硬件与软件属于一个不可分割的整体，唯有整合利用，方可更好地发挥传递和储存信息的作用。

（二）教学媒体

当某个具体的媒体在教学信息传递的过程中被应用时，该媒体就应当被称之为教学媒体。整个教学系统主要是由教师、学生、教学内容（也就是教学信息）和教学媒体所构成的。因此，教学活动也是一个传递、反馈、控制教学信息的过程。它是通过教师（传播教学信息的人）、学生（接受教学信息的人）、教学媒体（承载教学信息的载体）三者之间互相作用后所产生的结果。在教学工作当中，教学媒体的应用状况会对教学效果产生重要的影响[①]。

从本质上看，教与学的活动过程是一种获取、加工、处理和利用信息的过程。因此，作为储存与传递事物信息的任何媒体都能作为教学媒体，但事实上，绝大多数新开发出来的媒体首先都不是用在教学上，而是在军事、通信、娱乐、工业等部门使用相当长一段时间之后，才逐步被引进教学领域。那么，教学媒体有哪些特殊的组成要素呢？概括来说，一般的媒体发展成为教学媒体应具备两个基本要素：一是媒体用于存储与传递以教学为目的的信息时，才可称为教学媒体；二是媒体能用于教与学活动的过程时，才能发展为教学媒体。

各种不同的媒体都能实现对教学信息的存储和传递，如电影、电视以及计算机等媒体，只是在它们刚刚诞生的时候，并没有很好地应用于教学活动当中，仅仅作为普通的传播媒体。后来当它们历经改进，满足了相应的教学要求，并且是应用于教学活动时，才转变为真正意义上的教学媒体。

---

① 钱奕桂，许信旺. 新编现代技术及应用 [M]. 合肥：合肥工业大学出版社，2004.（参考文献第1页）

普通的媒体要想转变为教学媒体，通常要解决的核心问题有两个：一是对于硬件加以改造，能够使教学活动的各项要求得到满足，便于师生随时使用，与此同时，要降低硬件的价格，从而使它能够在一些缺乏经费的教育部门照常使用；二是关于软件的编制，通过该媒体完成传递和储存的信息是教学信息，同时编制的原则和方法要与教学活动的要求相符。

二、教学媒体的特性和功能

（一）教学媒体的主要特性

1964年，加拿大学者马歇尔·麦克卢汉在《媒体通信，人体的延伸》一书中特别指出：媒体属于人的一种延伸，印刷品属于人眼的一种延伸，而广播则是人耳的一种延伸，电视则属于人耳和眼睛的同步延伸，面对面进行的交流则属于五官的延伸，电脑则属于对于人类大脑的一种延伸。伴随着新媒体的出现，就会产生一种新的延伸，而每一种新的延伸都会让人的感官平衡发生一定的变化。这实质上说明了各种媒体对受信者的感官刺激是不同的，亦即具有其固有的特性。除此之外，教学媒体还具有以下特性。

1. 固定性

教学媒体能够实现对信息的记录和存储，以作为不时之需。比如：印刷媒体可以把文字符号直接固定在书本上；电子媒体可以把生活中语言、文字和图像巧妙地转化为声、光、磁信号，之后把这些信号固定于磁带或胶片上面。媒体所独有的这些特性使得以往先进的教育理论、知识财富和丰富的教育经验得到了保存，并可以透过教师或各种的媒体传递给学生。

2. 散播性

各种不同形态的符号信息通过教学媒体能够被传播到一定的距离，使得信息得以在更宽广的范围内再现。古人所说的"秀才不出门，能知天下事"所仰赖的正是媒体这种特性。身处于信息技术日新月异的现代社会当中，麦克卢汉能够提出"地球村"概念也就变得顺理成章了。

3. 重复性

教学媒体可以重复再现信息，如果保存得好，这些媒体可以根据需要重复被使用，而其呈现信息的质量稳定不变。此外，它还可以生成许多复制品，在不同的地方同时使用，这种重复使用的特性适应了学生逐渐领会、重温记忆的需要，也适应了扩大受益面的需要。

4. 组合性

一般情况下，教学媒体能够以组合的方式加以使用，教学媒体组合性的表现方式主要有三种：第一种把少量的几种媒体技术融合后产生一种全新的媒体，如声画同步幻灯、交互视频系统；第二种则是依照教学活动的实际需要，把几种具有不同功能的媒体进行简单的组合，以轮流使用或同时使用的方式来呈现出各自的信息，比如：可以尝试把幻灯、投影、录音和录像进行组合，在多媒体计算机诞生之前，被称为多媒体组合教学系统；第三种是利用数字化技术将各种信息，如图、文、声、动画、视频等集成在一起统一处理，如多媒体计算机。组合性还指出一种媒体包含的信息可以借助另一种媒体来传递，如图片和图表等，既可以通过幻灯、投影呈现，也可以通过电视、计算机呈现在屏幕上。

5. 工具性

相对于人来说，教学媒体处于一个从属位置。即便是那些具备先进功能的现代化电子媒体，其创造部分也是由人来完成，并会受到人的控制。教学媒体仅仅能够拓展或代替教师的部分功用，而且有了合用的媒体后，依然需要教师和设计人员来对教材进行编制。所以，即使具备了人工智能的多媒体计算机系统，仍然无法完全代替教师。

6. 能动性

在某个特定的时空环境下，教学媒体可以完全独自发挥作用。比如，一些比较优质的录像教材和计算机课件确实能后代替教师的线下上课。由教师们精心制作的教学软件通常与教学设计原理是相符的，使用的是最佳教学方案，特别是由那些有着丰富教学经验的教师参与教学媒体的设计和编制，对于一些缺乏教学经验的年轻教师而言，可能会产生很好的教学效果。

教育传播的对象——学习者。是具有复杂思想、情感变化的人，不同的阶段具备不同的生理和心理特征，因此要根据不同的学习者特征，在合适的前提下适时改变所使用媒体的种类以促进其学习。

（二）教学媒体的功能

教学媒体在教学活动中的应用，在教育信息传递的过程中扮演着极为重要的角色，对于教学质量的提高和教学方法的改进是很有帮助的；教学媒体通常是比较灵活的、可进行替换的，但目前还没有适用于任何教学目标的"超级媒体（也就是万能媒体）"，核心点在于在某个特定的环境下更适合使用何种媒体。各种不同的媒体都具有特定的内在特征和功能，一定要加以正确、合理的使用。即便有特别好的媒体，若是使用不当，也难以产生良好的效果。但是对一个特定的、具体的教学目标来说，存在使用某一种媒体的教学效果明显优于其他媒体的情况。通常，教学媒体在教学中表现出以下几方面功能。

（1）有利于教学信息的传递更加标准化。

（2）有利于使教学活动更加生动有趣。

（3）有利于教师改进教学方法，提高教学质量和教学效率。

（4）有利于个别化教学。

（5）有利于探索和实现不同的教与学的模式。

教学媒体为人们在不同的时间地点进行学习提供了更为有效的帮助，为满足他们的个别学习、业余学习和终身教育提供了物质条件。

第二节　视觉媒体及其教学应用

视觉媒体指的是所有对教学信息进行承载、传输和控制的视觉材料和工具，同时也是协助教学信息进行传递的重要媒介。对于视觉媒体来说，主要包含非投影媒体和投影媒体。

平时较为常见的非投影视觉媒体主要包括黑板和粉笔、图片、印刷材料、图示材料、实物模型等。当下的投影视觉媒体包括幻灯机、投影仪、视觉展示台、实物投影仪、视频投影仪等[①]。

[①] 何克抗，林君芬，张文兰. 教学系统设计 [M]. 北京：高等教育出版社，2016.（参考文献第1页）

一、幻灯机

幻灯机所放映的幻灯片主要是以摄影法制作的 135 幻灯片，其画面形象、逼真。由于幻灯片面积小，要求画面放大的倍数大。在白天放映时，要做适当的遮光才能得到满意的教学效果。

（一）幻灯机的结构

幻灯机虽然有许多的种类和型号，但它内部的基本结构和运作原理几乎是相同的。幻灯机通常是由光学部分、机体部分、机械传动部分和电气控制部分共同构成的，常见的幻灯机的光学系统如图 2-2-1 所示。

1. 光学部分

光学部分是幻灯机的主要部分，其作用是用足够强的光线透射幻灯片，在银幕上呈现出放大清晰的影像。幻灯机的光学部分主要由光源（溴钨灯）、聚光镜、反光镜、隔热玻璃、放映镜头等组成。

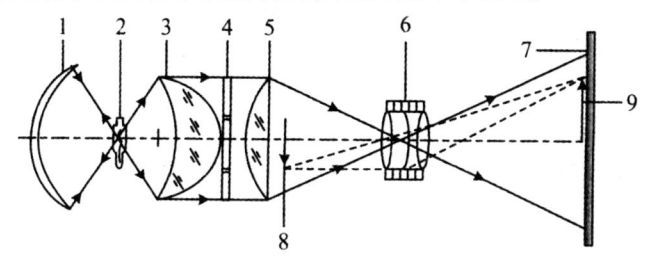

1. 反光镜　2. 光源　3. 非球面聚光镜　4. 隔热玻璃　5. 聚光镜
6. 放映镜头　7. 银幕　8. 幻灯片　9. 银幕上幻灯片的放大影像

图 2-2-1　典型幻灯机的光学系统

2. 机身部分

机身部分由机箱、电源变压器、冷却风扇、升降足等组成，其主要作用是支撑、维持幻灯机的工作。

3. 机械传动部分

机械传动部分由传动机构、换片机构和调焦机构组成，主要作用是实现自动换片和自动调焦操作。

4. 电气控制部分

自动幻灯机的功能通常包括：有线遥控换片、无线遥控换片和调焦、定时换片、声控换片等，其内部的电气控制部分可以把操作者发出的换片和调焦命令通过电信号的方式传递给内部的机械传动部分，来完成控制操作。典型的幻灯机结构如图 2-2-2 所示。

图 2-2-2 典型幻灯机的结构

（二）幻灯片放映

在使用幻灯机放映前，首先要做一些准备工作。

首次使用幻灯机时，应当把说明书认真读一遍，对机器各个部分的性能、特点以及具体操作方法有一个初步了解。

检测调试。正式使用前一定要对幻灯机进行仔细地检测：查看内部电路是否有短路、断路的情况，散热风扇是否可以正常运转，各个调节的按钮是否灵活有效，固定的地方是否牢固、结实等。

架机。架机时要考虑幻灯机位置的高低、仰角及与银幕的距离。位置太高，易挡住后面同学视线；位置太低，学生可能挡住幻灯机光线，使影像不完整；仰角太大，银幕上的图像会产生畸变，且易出现卡片现象；与银幕距离太近，影像小，距离远的同学看不清；距离太远，影像放大倍数增大，但亮度降低，明暗对比度减少，影响观看效果。

挂银幕。挂银幕的时候要对具体的位置、高度和方向加以考虑。银幕展开后的下沿要与黑板的下沿持平。

装片。安装幻灯片的话，一定要留意幻灯片前后的顺序，查看片夹是否为完好的，若是片夹过薄、过厚、已变形、有裂缝时，容易导致卡片的现象。当把幻灯片放入幻灯机时，应当保证方位是争取的。若是没有配备录音的话，就需要提前备好解说词。

二、视频展示台与多媒体投影机

（一）视频展示台

视频展示台是利用摄像镜头输出视频图像信号、展示立体实物、印刷文稿、投影片、幻灯片等内容的多功能演示设备。视频信号既可以输出到监视器上，也可以通过数码投影机投射到大屏幕上。它可以独立使用，也可以与其他外部设备相连接，组成一个完整的演示系统，是配备多媒体教室不可缺少的设备。

1．视频展示台的结构

视频展示台由摄像头、照明系统、载物台、控制系统组成，如图2-2-3所示。

图 2-2-3 视频展示台

（1）摄像头。摄像头的作用是将被展示物体的图像光信号转化为电信号，并通过输出端口输送给显像设备显示出来。

（2）照明系统。视频展示台设置有摄像镜头两侧的臂灯和载物板下的底灯作为照明光源。

（3）载物台。载物台用来承载立体实物、图片或透明胶片等。

（4）控制系统。控制系统用于各种工作状态的调整控制。

2. 视频展示台的使用

（1）演示方法

①印刷资料的演示。把需要演示的资料平放在展示台上，把臂灯打开后，通过观看显示屏使用变焦按钮来对图像的大小进行调整，直到图像可以清晰显示为止。

②幻灯片的演示。关掉臂灯后打开底灯，把幻灯片放置于展示台，通过变焦按钮来对图像的大小进行调整，直到图像可以清晰显示为止。在对负片进行演示时，需要按下"NEGATIVE"按钮，来切换为负片方式，就能够显示出正常的彩色图像。

③实物的演示。把实物放置于视频展示台，通过变焦按钮来对图像的尺寸进行调整，直到图像可以清晰显示为止。可以依照室内的光线来决定是否需要用臂灯补光。

（2）操作方法

①视频展示台与外部设备连接，与显像设备配接。视频展示台常见的视频输出有 VIDEOOUT、S-VIDEOOUT、RGBOUT、VGAOUT 等接口，可根据需要与显像设备（电视、视频投影仪等）对应的输入接口连接，将摄像头所摄取的信号显示出来。

与录像设备之间的连接：把视频展示台中涉及音频和视频的输出端口与录像机等设备上涉及音频、视频的输入端口进行连接，就能够实现实时的录像。

输入/输出视频音频的选择：最多的时候能够实现两对视频音频信号源的连接；确保外部连接的两对视频音频信号可以顺利地通过按键选择；可以输出四路视频音频的插座能够同一时间为供应四台显示设备的输出。

麦克风及音量调节：先把麦克风插上，好使视频和音频可以同步输出；通过麦克风音量的调节来达到最佳效果。

②了解和掌握视频展示台各按键、开关的功能及使用方法。

③按下锁定按钮，撑起摄像头支架，打开摄像镜头盖。

④打开视频展示台的电源（POWER）开关。

⑤放置实物或图片等展示物，调整摄像头，使之对准被摄物。

⑥依照现场的情况来对光源进行调节，把光源开关推送至臂灯处就可以打开臂灯；把负责光源的开关推送至底灯的位置就可以打开底灯。通常展示不透明的材料时需要把两侧的臂灯打开；若展示的是透明材料（幻灯片或投影片），就需要把载物板下的底灯打开。

⑦把需要用的材料放在视频展示台上进行展示，使用自动对焦或手动对焦模式来对成像的范围进行调节。

自动对焦：逐渐用力按下 TELE 变焦按钮来对物体图像进行放大；当按下"WIDE"按钮时就会使物体图像渐渐缩小。若一直按着变焦按钮不松手，变焦的速度就可以逐步加快。

手动对焦：对焦于立体物的某一点时，请按手动对焦按钮进行调节。一旦图像清晰，停止对焦操作，并保持对好的焦点。

⑧调整聚焦按钮，使影像最清晰。视频展示台的聚焦分为手动聚焦（MANUAL-FOCUS）和自动聚焦（AUTO FOCUS）两种，都能实现聚焦功能，可根据实际情况调整。

⑨特殊效果调整。正负像转换开关（POSITIVE/NEGATIVE），可将底片影像转化成正像效果呈现，也可以将影像负像化。黑白/彩色转换开关（BW/COLOR）可使图像以黑白或彩色显示。

⑩使用完毕，按照与开机相反的顺序关闭视频展示台。

（二）多媒体投影机

多媒体投影机属于一种把视频信号和计算机信号经过一定转换后融合为一体的大屏幕投影系统设备。它不但能够同时呈现具有高分辨率的计算机图像和工作站图像，而且还能够很好地完成对录像机、影碟机、电视机、VCD、DVD 以及视频图像信号输入的接收，已在教育领域得到广泛应用。

1. 多媒体投影机的结构

多媒体投影机品种繁多，但结构、功能和操作基本相同。投影机机身正（顶）面上一般都有电源、输入、变焦、聚焦和菜单设置等按钮，实际中投影机多以吊顶方式使用，此时多用随机配备的遥控机对投影机进行各种操作。

2. 多媒体投影机的使用

（1）与信号源设备连接

①对于视音频设备进行连接，多媒体投影机所具有的图像输入插口包括视频输入（VIDEOIN）、超级视频（S-VIDEO）、色差信号（Y-Pb/Cb-Pr/Cr）或 VGA 等，由于使用的插口不同，最终呈现出的图像质量也不一样，而且图像质量是伴随着上述插口的顺序不断增加的。在连接录像机、摄像机、影碟机、视频展示台时，应当尽量使用最为匹配的配接，从而产生良好的效果。

②与计算机连接，将投影机的 VGA 输入口、音频输入口（AUDIOIN）与多媒体计算机的 VGA 输出口、音频输出口（AUDIOOUT）连接。有些投影机上的 RGB 接口也用来与计算机连接。

（2）投影机的安放。投影机的投影方式主要包括正投、背投和倒投（或称之为悬挂），依照现场的需求，选择合适的地方和用来投影的方式。要格外留意投影机与其他设备之间所搭建的信号连线不适宜太长，避免因为信号的严重衰减所导致的画面模糊、拖尾。

（3）投影机的调节

①针对输入源进行选择设置。因为每台投影机通常有多个输入接口，可实现同一时间里与不同信号源建立连接，投射的时候，需要对输入源进行选择，就是要确定投影机所呈现的是由哪个插口输入的可视化信号。一般可尝试通过遥控器或面板上的 SOURCE 或 INPUTSELECT 按钮来进行选择。

②调节画面大小。改变放映距离或改变镜头的焦距可以调节投影画面的大小。

③调节画面和声音效果。使用遥控器调整多媒体投影机的清晰度、亮度、色饱和度、对比度、音量、音质等，使图像与声音达到最佳效果。

第二章　教学媒体的种类及应用

第三节　听觉媒体及其教学应用

听觉媒体是一种集采集、记录、播放声音为一体的现代教学媒体，常见的听觉媒体主要包括传声器、录音机、扬声器、CD 激光唱片、MP3 播放器等。前些年，学校里面开展教学时，使用最为普遍的录音媒体是磁带录音机，只不过现在的教学当中主要使用计算机来进行录音。下面逐一分析学校教学当中最为常见的听觉媒体以及具体的使用方法。

一、扩音设备

（一）传声器

传声器是一种把声音信号转换为电信号的电声器件，俗称话筒、麦克风。在扩音系统和录音系统中，用它拾取声源发出的信号。声音传输的质量与传声器有密切的关系，要求传声器的性能可以满足提出的要求（不同类型、不同用途的传声器要求不同）。

1. 几种传声器的结构和工作原理

（1）动圈式传声器。动圈式传声器又名为电动式传声器，频率通常会在 50~10000Hz，质量优良的频率可达 40~16000Hz。动圈式传声器比较坚固耐用，价格实惠、便于使用，所以在现代教育技术当中得以广泛使用，结构如图 2-3-1 所示。

（2）电容式传声器。电容式传声器有着很宽的频率范围，通常会在 20~18000Hz，与人耳的听觉频率范围较为接近，而且频响平缓、灵敏度较高、信噪比大、结构复杂、成本较高，通常会在高质量广播、音乐节目的录音扩音中加以使用。它的内部结构如图 2-3-2 所示。

41

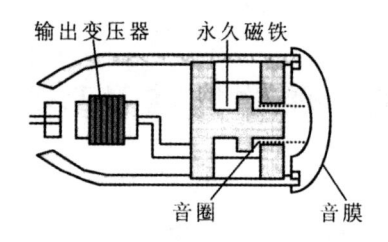

图 2-3-1　动圈式传声器的结构

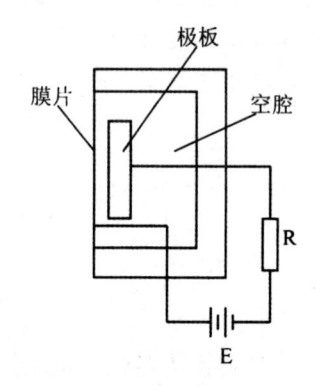

图 2-3-2　电容式传声器的结构

（3）无线话筒。无线话筒的本质实际是由微型传声器（动圈式、电容式等）和小型发射机所构成的。无线话筒运转的原理在于声音经过传声器后转变为音频电信号，然后进入小型发射机被调制到高频载波上面，最后通过话筒内部的软质天线完成发射。因为它发射时的功率较小，所以接收的范围为50~100m。

根据国家规定，无线话筒所使用的频率范围在VHF频段的88~108MHz，以便与有调频广播的收录两用机配套使用。由于每一个无线话筒都有自己的频道，所以当相邻教室选用不同的无线话筒上课时，不会发生相互干扰。

使用无线话筒时，每个话筒都配备一台调频接收机接收调频信号，传输给扩音机或其他设备的音频输入使用，最后通过扬声器把声音播放出去。

无线话筒最大的优点是省掉传送电缆，它最适用于移动性声源的拾声。

2. 传声器的使用

（1）注意阻抗匹配。传声器与放大器的阻抗最好相同，若失配比在 3∶1 以上，则会明显影响传输效果。

（2）注意正确连接。传声器有着很低的输出电压，为了有效规避损失和干扰，应当使用屏蔽线，同时连接要尽可能地短。通常情况下高阻传声器的联想不得超过 10m，而低阻传声器的连线不能高于 50m。

（3）注意工作距离。传声器与声源的距离最好维持在 20~30cm，距离较远时，有着柔和音色、较强的混响；距离稍近时，语言清晰，倍感亲切。此外，传声器要跟扬声器保持一定的距离，要不然就会因为声音的回声而产生尖锐的啸叫。

（二）扬声器

扬声器又被称之为喇叭，属于一种可以把电能转化为声能的器件。若是把扩音机所传递的音频电信号放大之后全部加给扬声器，扬声器里面的振动膜就会产生机械振动，进而在空气中衍生出特定的声波，从而产生声音。整个扩音系统的最后一环是扬声器，不论传声器具备何等优良的扩音机性能，如若扬声器的性能不是很好的话，依然无法获取高音质的声音。所以，高保真放音系统当中的一个关键条件是高质量的扬声器。

目前，使用得最多的是电动式扬声器，电动式扬声器又分纸盆式和号筒式。

1. 扬声器的种类

（1）纸盆式扬声器。纸盆式扬声器频率特性好、失真小、功率有大有小、价格适中，所以得到了广泛的应用。几乎所有的收音机、录音机、电视机中都使用这种扬声器。音乐厅、舞厅、室内广播等高质量的扩音系统，也都使用纸盆式扬声器。

（2）号筒式扬声器。号筒式扬声器俗称高音喇叭。它的工作原理与纸盆式扬声器相同，仍然是利用通电线圈在磁场中的受力运动进行工作。

号筒式扬声器的特点是效率高、输出音量大、辐射方向强、功率大。其缺点是频率特性差，一般为 200~500Hz，所以它主要用于以语言广播为主的室外广播，如学校、广场、运动场、农村广播站等。

2. 扬声系统

把单个或多个扬声器某种特定的助声装置或附带电路构建成一个完整的系统，用来使放音的质量提高，此种系统就是扬声器。在这里面，助声装置主要包括箱体、纸盆、号筒、吸声地材料等；而附带电路主要包括分频网络、反馈电路和功率放大器等。

3. 分频网络

高保真放声系统要求扬声器的有效工作频带里面要包含大自然当中所存在的各种不同频率的声音，也就是说应当有 20~20000Hz 的频带宽度。针对单个扬声器来说，它的有效工作频宽还是很有限的，是无法满足高保真放声系统频宽的要求的。唯有尝试把低音扬声器、中音扬声器和高音扬声器通过分频的方式进行组合，真正把全频带的声音重放给担负起来，方可使扬声器的有效工作频带得到拓宽。分频网络会引导每个扬声器独立完成各自所在频段的任务，从而促使各个扬声器得以顺利完成全频带的声音重放。

4. 三维环绕立体声

所谓立体声，就是用听觉感受声源的三维（前后、左右、上下）定位的立体感。声音数越多，其环绕声效果越好，价格也越高。

二、录放设备

（一）录音机

进入 20 世纪 80 年代，在开展语言教学、丰富学生精神生活过程中起到关键性作用的是盒式磁带录音机，并一步步走向数字化，它们当中的一部分将会被其他数字媒体所代替。

1. 录音机的原理

磁带录音机是以磁的形式记录或重放音频信号，其主要过程是进行电或磁的变换。录音就是把音频电信号转换为磁信号并记录在磁带上的过程，放音是把磁带上的磁信号还原成音频电信号的过程。

2. 录音方式

录音方式主要包括：机内话筒录音、外接话筒录音、收音录音、线路输入录音、双卡复录和复制机复录等。

（1）机内话筒录音。绝大多数的盒式录音机里面都会有传声器——也就是机内话筒。使用机内话筒来录音的话，录制完的成品往往会有较大的噪音、音质不是很好，这是由于录音过程中，录音机内部机械运动的噪声也会被录下来，同时也是因为录音机的机内话筒所使用的材质较为普通。

（2）外接话筒录音。外接话筒录音是将话筒的连接插头插入录音机上的 MIC 插口，用远离录音机的话筒拾音后，通过录音机记录。外接话筒录音只是用外接话筒代替了机内话筒，因而录音操作与机内话筒录音相同。录音机 MIC 插口插入插头后，机内话筒即断开，因而外接话筒录音可以有效地避免录入录音机的机械噪声。

（3）收音录音。收音录音是利用收录机收录电台节目。

（4）线路输入录音。所谓线路输入录音，指的是把其他设备输出时的音频电信号传送到录音机线路输入插口来进行录音。录音机上所附带的线路输入插口可接收的信号为几十毫伏到几百毫伏不等，可为输入端提供有效的保障，从而获取高质量的录音效果，在录音时若是面对线路输入和话筒输入两种方式时，应当优先考虑线路输入录音。

（5）双卡复录。双卡复录是用双卡收录机，一个带仓放音，同时用另一个带仓录音。

（6）复制机复录。磁带复制机是一种可以对录音节目进行快速复制的设备，是由单个放音机芯和多个与录音相关的机芯所构成的，磁带复制的时候不但能够通过常速数倍的速度进行复制，可以由 A、B 两面同时进行复制。复制机的录音仓不仅具有抹音的功能，而且还有不带抹音的功能。若是用的是不具备抹音功能的复制机时，就需要先把已经使用过的录音带通过消磁器消磁之后在进行复制。

（二）MP3 播放器

MP3 是 "Moving Picture Expert Group，Audio Layer3" 的缩写，是一种采用高比率的数字压缩技术编码的数字音频格式。MP3 是由传统音响技术和 IT 技术融合而成，与 CD 相比，它具备无与伦比的复制方面的优点；与常见的随身听相比，它有着独特的音质，外形比较小巧，可以储存更多的歌曲，特别是在当前的网络时代，便于通过计算机进行下载和传输，所以

MP3 播放器具备众多模拟设备难以企及的功能。

1. MP3 播放器的种类

按存储介质分，MP3 播放器有 CD-ROM 和 Flash Memory 两类。

2. MP3 播放器的使用

（1）安装。安装指的是 MP3 播放器通过 USB 接口与计算机连接，安装管理程序（无驱型的则不需要安装管理程序）。

（2）传送音乐文件。完成安装后，透过管理程序把需要用到的 MP3 文件复制或直接拖到 MP3 播放器中相应的位置。虽说由于 MP3 播放器的不同，使得内部的管理程序也会不同，但它的基本原理确实一样的。

当 MP3 文件的传输结束后，通常是先把管理程序关掉，然后快速拔掉 USB 数据线，这之后就可以使用 MP3 播放器进行放音。

（3）播放。透过显示屏使用菜单键来选择需要播放的音乐，个别的 MP3 播放器具备 FM 收音功能，可以收听一些电台节目；一部分还会增加录音功能。

第四节　视听媒体及其教学应用

视听媒体指的是把视觉媒体和听觉媒体的功能融合为一体，透过有声的、活动的视觉图像，从而更加逼真、直观地完成对教学信息的传递。视听媒体指的是经过视听相融合的方式为学习者展示信息的媒体，很容易调动学习者的学习兴趣。比较常见的视听媒体主要包括电影、电视、摄录像设备、激光视盘（包含 VCD 和 DVD）等。

一、电影

电影是最早出现的视听媒体，从 20 世纪初开始，无声电影就应用于教育。20 世纪 20 年代末，有声电影出现，并应用于教学。几十年来，电影教学一直作为一种重要的教育教学手段，并得到了广泛的应用。

电影,指的是把画面和声音巧妙地融合起来,借助于这两种方式的刺激来对视听器官产生作用,可以有效地推进辅助学习;可以对概念和过程有效地呈现,展现出那些处于动态变化当中的教学内容和运动技能训练方面的认识和鉴别产生独特的效果,也是在概念的传播和形成、转变态度和感情培养方面发挥较好的媒体之一。电影的画面比较宽广,很适合进行大规模教学,但是电影放映对于环境和场地还是有着相应的要求。伴随科技的发展,立体电影和全息电影开始逐渐在教育教学中加以应用。

二、电视录像

电视录像具有和电影相同的信息表达能力,能够呈现声音、活动、图像、画面。电视录像和电影不同的地方主要是电视录像的制作技术和传播手段更加灵活多样。

(一)电视媒体

电视系统的组成及工作原理。电视信号的传输是通过全备的电视系统来完成的。电视系统的功能包含电视信号的产生、处理、传输、接受和还原。电视系统的基本架构如图2-4-1所示。

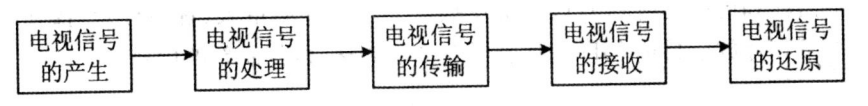

电视信号的产生 → 电视信号的处理 → 电视信号的传输 → 电视信号的接收 → 电视信号的还原

图2-4-1 电视系统的基本构成

电视信号的产生和还原是基于光和电的转换原理。而实现光—电和电—光转换的主要器件是摄像机的摄像器件和电视接收机的显像管。电视摄像机的摄像器件先把图像分解成许多像素,并按一定的顺序转变成相应的电信号,再经过一系列放大、加工处理后将电信号送出去。电视系统的终端设备是电视接收机,透过内部显像管的屏幕,依据与摄像端同样的顺序,把接收到的各个不同信号在对应的位置上转化为光信号。因为信号有着极快的传输速度,然而人眼的视觉惰性会让人通过屏幕展现出整幅画面,进而使得电视图像的还原过程得以完成。正如图2-4-2所示。

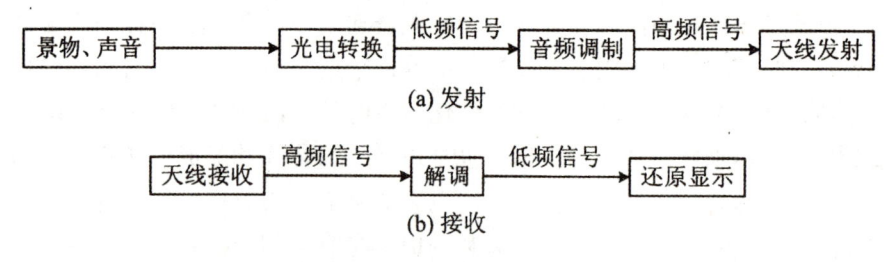

```
景物、声音 → 光电转换 →低频信号→ 音频调制 →高频信号→ 天线发射
                        (a) 发射

天线接收 →高频信号→ 解调 →低频信号→ 还原显示
                   (b) 接收
```

图 2-4-2 电视信号产生和还原过程

电视接收机就是实现电视信号还原成图像和声音的设备，在教学中，电视是一种独特的学习资源，可以演示试验或实验场景，展示过程，提供视听材料，表现时空变化。能够把信息及时的、长距离、大范围地进行传播，属于极为重要的远距离教育媒体，不论开展的是正规教育还是非正规教育，电视都是传播过程中的必要手段。电视能够对学生在态度和情感方面所产生的变化进行有效引导，是对情感信息进行表达时的必要手段，也可以开展与运动技能相关的教学，还可以借助于基本原理，在真实的工作、学习和生活中加以运动，为学习者营造一个生动、具体的教学情境。

（二）摄录像媒体

摄录像媒体主要包括摄像机和录像机，它们分别完成电视信号的产生与储存的任务。但在学校教学和家庭教学中经常使用的是 VHS 系统。VHS 系统录像材料体积小、重量轻、使用方便，具有常速录放、倍速重放、变速重放以及对电视节目的记录和静止画面等功能，在教学中使用方便。录音机的使用比较简单，通常会用于个别化教学或团体教学，还可以反复进行使用，制作时间也不长。它的缺点在于：录像自身的质量和数量难以使学习者的需求得到满足，很容易致使它独特的视听效果而沦为娱乐品，却使教学功能被忽略；而且与激光视盘相比，录像的存储量比较小，视频的效果和音像质量不是很理想。

数码摄像机诞生于 20 世纪 90 年代初期，是一种能够呈现图像、活动和声音的新兴的视听媒体。数码摄像机与传统摄像机相比，有其独特的优势：数码摄像机不再使用录像带拍摄，机身内装有能把信号变成电信号的感光元件，使用电荷耦合器件实现数字记录、存储图声信号，并把拍摄的信息通过光盘、网络等，高质量地存储、远距离地传输。

（三）视听媒体在教育教学中的应用

视听媒体借助丰富多彩且有声有色的画面为学生的学习营造一个生动、形象、逼真的教学环境，进而吸引学生的注意力。使用视听媒体的时候，会同步对学生的视觉和听觉感官加以刺激，极大增强学习的记忆，学习效率得以提高。同时使用视听媒体时，其特点包括形、声、色、情、意，因为受到潜移默化的作用而产生事半功倍的效果。例如，历史事件、自然景观等教学内容可以涉及古往今来、远方近地、千变万化的事物，学生不出教室就可以通过媒体学习了解到。视听媒体还可以跨越时空把事过境迁的事物重现出来。

第五节　计算机交互媒体及多媒体教学系统的应用

一、计算机交互媒体及其应用

（一）计算机系统

计算机是一种有着较强交互性的媒体，并开始广泛应用于教学，进而成为一种极为重要的教育技术。计算机依据其性能和容量可划分为巨型机、小型机、工作站和个人计算机；依照具体的用途可划分为通用计算机和专用计算机等。一个完整的计算机系统主要包括硬件系统和软件系统。

1. 硬件系统

计算机当中的硬件系统一般包含五个部分：运算器、控制器、内存储器、输入设备、输出设备。它的主要部件包括运算器、控制器和内存储器，也被称之为主机；而计算机的外部设备包括输入设备和输出设备。存储器主要分为内存储器和外存储器两大类。内存储器（简称为内存）属于主机当中的构成部分，而对于内存储器来说，它不但可以作为输入设备（信息输入），而且还可以作为输出设备（信息保存）。外部设备与主机之间的信息交换是通过外部设备接口（简称 I/O 接口）实现的，不同的外部设备有各自的 I/O 接口。

2. 软件系统

计算机的软件系统由两个部分构成，它们分别是系统软件和应用软件。而系统软件是由操作系统、语言处理软件和工具软件共同构成的。

操作系统属于一种围绕计算机硬件资源和软件资源加以系统管理的软件，它是整个系统软件当中核心部分，主要负责对计算机各个部件之间的协调、控制和管理，为计算机的硬件与软件之间的连接提供接口。其他所有的软件都是建立在操作系统之上的。操作系统有多种，如：Windows、Unix、Linux 等。

语言处理软件包括程序设计语言和相应的语言处理程序。程序设计语言早先分为机器语言、汇编语言和高级语言三种，后来又开发了非过程语言和智能语言。语言处理程序是一种把汇编语言、高级语言、非过程语言和智能语言编写的程序"翻译"成计算机能直接"理解"的机器语言的软件。

所谓工具软件，指的是借助于计算机语言开发出来的用于某个具体领域且可以用它作为开发应用的软件或为某个种类提供服务的软件。如用来进行多媒体创作的软件 Authorware、用来对图片进行处理的软件 PhotoShop、用来制作矢量图形的软件 CorelDraw、用来制作二维动画的软件 Flash 以及制作三维动画的软件 3DMAX 等都属于工具软件，使用者可通过使用它们来开展多媒体应用软件的开发。工具软件和应用软件没有非常清晰的划分标准，一部分的工具软件也会被称之为应用软件。

（二）计算机主机

计算机主机包括中央处理器、存储器、主板三部分。中央处理器包括运算器和控制器（CPU）。存储器包括内存储器和外存储器。

（三）输入设备

计算机的输入设备主要用途是把数据、指令和各种不同媒体的信息传输到计算机当中进行处理。而输入设备主要包括键盘、鼠标、磁盘和光盘驱动器、条形码输入器、扫描仪、数码相机、读卡机、数字化仪、数码摄像机、语音输入设备、光笔、触摸屏、视频输入设备等,这里面颇为常见的输入设备是键盘、鼠标和扫描仪等。

(四) 输出设备

作为输入设备,主要适用于将计算机处理的数据、计算机结果等内部信息转变为人类平时常见的信息形式(比如字符、图形、声音、图像、表格等)或通过与其他机器匹配的形式输出。输出设备主要包括显示器、投影电视、打印机、MIDI合成器、多媒体投影仪、耳机、绘图仪、喇叭、磁盘和光盘驱动器等。

计算机在教学当中加以应用,在教育媒体技术领域是一次质的飞跃。当前,计算机被大范围的使用在教学当中各个方面。计算机的各种功能,例如,存储和信息处理的能力、快捷地与学生进行个别交互作用的能力以及呈现媒体信息的视听觉刺激的能力,已经在教学中得到充分体现。

计算机应用于教学,由计算机提供的色彩、音响和动画图形能够增强真实性,并能够使练习、实验、模拟操作等教学活动具有更大的吸引力,激发学生的学习兴趣。由于计算机能够对每一个学生的情况进行识别与判断,并且可以提供与某个学生相配的教学内容,能够很好地适用于不同阶段的学生,从而使学生的不同需求得到满足。这种极具个性化的教学方式为学生营造了一个积极的、有效的学习氛围,而且教师可使用和支配的信息资源较多。所以,计算机的应用范围使得教学资源的控制范围得以不断增大,而且也为教师控制学生的学习提供了极大的帮助。只不过计算机软件在进行编辑的时候需要很多的人力、物力和钱财的投入。

随着计算机技术逐渐渗透人类社会的各个领域,现代人都必须了解和掌握计算机技术。有人将阅读和写作称为人类的"第一文化",将计算机技术应用称为"第二文化",认为人们只掌握第一文化是不够的,还必须掌握第二文化。

二、多媒体教学系统及其应用

现代所使用的各种教学媒体的作用和优势各不相同,但彼此间不能互相替代,所以在教学工作当中应选用、设计合适的媒体。在教学工作中,为了使教学目标可以顺利完成,时常需要对不同的教学媒体进行优化组合,产生了一种"系统集成媒体"进行教学,也就是多媒体教学系统,来使现代教学媒体所特有的教学媒体得以加强和拓展。

(一)语言实验室

听觉设备使用的时候,需要汇聚具有各种视听设备及多媒体计算机、控制器,通过各种控制线路进行装备的专门用于教学的教室,被称之为"语言实验室"或"语言学习实验室",主要是在语言、语言和音乐方面的训练和教学当中加以应用。

1. 语言实验室的类型

根据语言实验室的设备功能可分为如下几类。

听音型(简称 AP 型),也称单听型,只装有单纯听音使用的设备系统的语言实验室,设备简单,只有单向通话功能。

听说型(简称 AA 型),装有双向通话系统设备的语言实验室,学生除可以收听各科录音教材外,还可以与教师通话,教师可以监听、监录任何一个学生的语言练习。

听说对比型(简称为 AAC 型),把听说型作为基础,为学生的座位上装上双声道双轨录音机,学生不但可以记录教师所播放的录音教材,还可以播放个人语音练习,所以也就方便学习听说对比,加强语言教学功能。

视听型(简称为 AV 型),以听说对比型作为基础,加入视频系统,能够同时为学生提供丰富的视觉形象,进而产生较为理想的教学效果。当前时常使用多媒体计算机来用于视听型语言实验室。

2. 语言实验室的主要设备

语言实验室主要由教师控制台、学生座位厢及提供通信用的各种连接电缆线等部分组成。

学生座位厢时常包含专用课桌、显示器、录音机、耳机话筒组和学生座位放大器、呼叫按钮,视听型语言实验室的学生端还会包含多媒体学生机。教师控制台主要是用来为学生传输各种音频信号,从而是学生座位厢处的各种功能得以实现,这里面就包含指示发布、操作控制传输、节目传送等。

（二）多媒体教室

把计算机、投影仪、录音、录像等组合在一起，建立起一种包含有多种现代化教学媒体的教室，称为"多媒体教室"。多媒体教室为教师灵活地运用多种媒体实施多媒体组合教学提供了方便，可使现代教学过程变得更加灵活，更加符合教学规律。

多媒体教室所配备的设备主要是让教学资源获取、教学信息的显示、教学活动的组织和学习信息的接收等方面得以满足，其通常包含中央控制系统、视频图像处理系统、计算机信息处理系统和音响处理系统等部分构成，多媒体教室通常设备配置如图2-5-1所示。

多媒体教室的核心部分是中央控制系统，多媒体教室当中的所有媒体设备都需要通过中央控制系统来进行管控。计算机信息处理系统是多媒体教室的重要组成部分，主要包括多媒体计算机和网络传输设施。视频图像处理系统能够给学习者显示各种静态或动态的视频图像，帮助学习者加速理解学习内容，是多媒体教室应用于教学的一大优势。多媒体教室的视频图像处理系统包括电子投影仪、录像机、影碟机、视频展示台和光学投影机等。

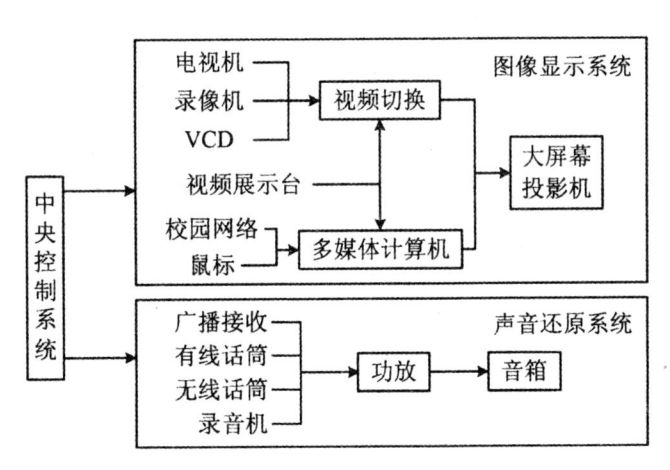

图 2-5-1 多媒体教室的一般设备配置

多媒体教室是装备众多的现代化教学设备，具备相应教学功能的专门教室，它不但可以为教室进行的教学工作提供方便，而且还可以为学生学习营造一个良好的学习环境。整个环境的搭建还会把整体环境、照明环境和声学环境考虑在内，教室内各种媒体设备的布置应当依据教学的实际需求，整体的结构布局需要科学合理，连接线路方面需要兼顾多路信号、多个电源的状况。同时还要有可以连接因特网和闭路电视系统。

1. 投影仪的配置

通常有单投影、双投影和混合投影等几种形式。单投影式是使用一个投影仪，所有视觉教学信息都通过同一个屏幕呈示，结构简单，投资少；缺点是视觉教学信息随着屏幕画面的转换而变更，不便于学习者把握知识的整体性。双投影式需要用两个投影仪，一个作为显示屏用来帮助学习者对教学信息、展示动态过程的视频教学信息进行理解；另一个屏幕用来显示学习者需要掌握的视觉教学信息，这样有助于学习者把全部的内容给串起来，只不过投资会比较大。混合投影式需要同时使用电子投影仪和光学投影仪，电子投影仪主要用来显示动态信息，光学投影仪用来显示需要识记的内容，属于一种投资较少且效果较好的配置方式。

2. 控制讲台

多媒体教室的大部分设备都放置在控制讲台上，同时控制讲台又是教师的主要控制操作场所，所以，它的设计分别建在便于操作和整洁美观两个方面加以考虑：桌面上所放的设备要尽可能地减少，来保证整洁。但是教师教学时一定会用于操作、显示的设备如控制面板、显示器、鼠标、话筒等一定放在桌面以下，以便于随时操作，其他的设备最好是放置于桌面之下，一些人也会把所有的设备放在桌面下面，等到用的时候再拿出来，这样的操作对设备管理很有帮助，但使用的时候会显得比较麻烦。

3. 整体布局

在对多媒体教室进行安装布局时，需要考虑的方面主要包括：控制讲台的位置、学生作为的安排和投影仪、音响的安装。

屏幕是学生注意力最为集中的地方，所以，控制讲台的位置不能跟普通教室一样，放在教室前方居中的位置，此时应当放在前方的一侧，从而有效地避免教师的身体挡住屏幕上的信息。摆放讲台时，通常需要斜侧放置，便于教学者随时看到屏幕和学生。

地面一般做成前低后高的阶梯形式。不过前后高度差异不宜太大，要防止前排学生过于仰视，而后排学生过于俯视的情况，第一排学生座位也不要太靠近屏幕。

投影仪通常使用吊顶方式进行安装，不能把学习者的视线给挡住，要把避免第一排学生过度仰视作为投影仪与屏幕之间距离的标准。

音响具体的安装布局是由实地实验所决定的，具体要求是让教室当中的所有学生都可以清晰地听到声音。音响的位置通常位于两侧中前方的墙上，高度设定为学生正常情况下用手无法碰到即可。

（三）计算机多媒体系统在教学中的应用

计算机多媒体系统在教学应用中形成了多种不同的教学模式，有课堂教学模式、小组互助协作学习模式、个别化自主学习模式、开放学习模式、网络学习模式和虚拟现实教学模式。

课堂教学模式指的是使用计算机多媒体和其他教学媒体共同在课堂教学当中应用的过程，从而使课堂教学的效果得以优化。在这样的课堂教学当中，借助于多媒体计算机来为学生供应各种各样的感知材料，进而使学生的观察能力得到培养，激发了他们学习的动力。

个别化自主学习模式即多媒体环境下的个别化教学模式，是指在多媒体网络教室的环境下，利用计算机多媒体系统中的教学软件个别的、通过人机交互方式进行的系统学习。这种个别化自主学习模式彻底改变了传统的课堂教学模式，使教学方式与教学过程都发生重要的变化。

所谓的虚拟现实教学模式指的是通过使用计算机多媒体系统所搭建出的一个交互式人工世界。当学习者戴上一个特制的头盔后，就会产生身临其境的感觉；带上一双数据手套，不但可以进行深层次感知，而且还可以对虚拟世界当中的不同对象进行操控，比如星际旅行、外科手术等。通过这个功能可以让学习者亲身经历到现实生活中难以实现的部分，把抽象的内容转变为具体的感知，从而使学习效果得以提高。

第六节　计算机网络及教学应用

一、计算机网络基本知识

计算机网络是计算机技术和通信技术相结合的产物。伴随着全球信息高速公路的建设热潮，计算机网络发展到了一个新阶段。

计算机网络指的是把处于不同地域、有着一定独立功能的众多个计算机系统透过通信设备和线路进行连接，通过功能齐全的网络软件来搭建一个由网络当中的通信和资源相互共享的庞大系统。

根据网络作用范围可将网络分为以下几种。

广域网（WAN），它所波及的范围一般都在几十千米到几千千米之间，比如国际互联网（Internet）指的是遍布全球各地的众多计算机在共同遵守通信、控制协议（TCP/IP）基础上连接而成的，而这个就是典型的广域网。

局域网（LAN），其作用范围为几米到几千米，如CAI网络，可以在教室里进行计算机辅助教学，利用该网络使每个使用终端的学生都能享用教学资源库和所需的外部设备，教师能够利用网络记录每个学生的学习进度和成绩，积累教学资料，实时进行统计分析，对教学效果进行评价，这是典型的局域网。

城域网（MAN），其作用范围在WAN与LAN之间，其接入方式与LAN相似，但作用范围可达5千米到50千米。

根据通信介质的不同，网络可分为有线网和无线网。

根据通信速率的不同，网络可分为低速网、中速网和高速网系统。

二、基于网络的学习模式与教学模式

（一）网络学习系统

网络学习系统指的是通过计算机技术、网络技术和多媒体技术以及相关的软件、硬件作为保障，把学习者的"学"作为活动当中主要内容的学习系统。伴随计算机技术、网络技术和多媒体技术的快速发展，为创建一个围绕学习者，把"学"作为核心的网络学习系统分别在硬件支持和软件服务方面提供了坚实的物质基础，促进了网络学习系统的广泛实践。网络学习系统是以局域网、Internet 作为基础的网络学习系统。网络学习系统的课程设计、资源提供、软件硬件服务等方面，必须强调以"学"为中心。

网络学习系统强调以学习者的"学"为中心，但并不是排斥教师的指导、控制和管理，而是对教师提出了更高的要求。如构筑学习环境、确定学习目标、实施学习策略、控制学习进程等，都需要教师提供有效的组织和指导。

网络学习系统当中涌现出与网络教学设计专题相关的网站，比如由华南师范大学教育技术研究所搭建的"网络教学计划"专题学习网站正是网络学习系统方面的典型案例。这个网站是当前国内颇具影响力的网络学习系统。学习者能够透过该网站所供应的学习资源来进行自学习，开展学术、经验交流，搭建起用来展示课题试验和研究成果的园地等。

（二）网络教学模式

网络教学模式是基于计算机网络操作系统，依靠高速影音传输系统，运用系统服务器、网卡、教师控制机、高速影音传输器和学生工作站实现学生个别化自主学习。目前网络教学系统基本已实现多媒体视听功能，成为多媒体视听网络教室，为学生提供更丰富的文字、录像、声音、动画等多媒体网络学习环境。

（三）校园信息传输系统

校园信息传输系统又称之为校园网络，指的是通过网络设备、通信媒介及相关的协议，把位于校园内部的计算机和各样的终端设备以及校园外部的 Internet 网络进行有机的结合，从而更好地在教学、科研、学校管理、信息资源共享和远程教育等方面将局域网加以使用。校园网络传输系统主要服务于学校当中的教学工作，它的真实目的是通过高速的网络多媒体来为学校当中师生在教学、科研和综合信息方面提供服务，主要包含教学支持、信息发布和校务管理等方面。

（四）校园信息传输系统的建设

1. 基本结构

校园网络一般采用"主干加分支"的结构，利用高速网络技术构建整个校园主干网。目前常用的主干技术主要有以下三种。

（1）快速以太网技术。目前以太网的传输速度可达千兆以上，能与过去大量使用的以太网完全兼容，容易掌握和管理，升级费用低，已成为使用最广泛的主流网络技术。

（2）光纤分布式数据接口技术。采用光纤作为传输介质，使用双环结构和链路恢复等故障容错技术，传输速率高，但网络协议比较复杂，安装和管理相对困难，价格也比较昂贵。

（3）异步传输模式技术。借助于信元交换技术，就可以支持较大的网络带宽，带动多媒体信息的传输，从而使其在多媒体信息传输方面具备一定的优势，只是这样的技术当前还不是很成熟，且价格过高。

2. 校园信息传输系统的硬件设备

校园网络通常由服务器、工作站、网间互联设备、传输介质等部分组成。

服务器是一种依托于网络来为客户端计算机提供各样服务的、具备高性能的计算机。因为服务器是围绕具体的网络应用而制定的，因此它在处理能力、可管理性、稳定性、可扩展性、可靠性、安全性等方面都要强于普通的计算机。

工作站是一台利用校园网来提供独特应用服务的客户机，其网络通常借助于网络进行连接，同时还需要装上相应的程序和协议才能实现网络资源的访问。

校园网络的网络互联设备主要有集成器、交换机、路由器、网关和防火墙等。集成器是网络中连接多个计算机或其他设备的连接设备，主要提供信号放大和中转的功能，把一个端口接收的信号向所有端口分发出去；交换机也是一个多端口的连接设备，与集成器的主要区别在于端口工作独立性好，数据传送速率快；路由器是连接多个网络或网段的网络设备，它可以有效地"翻译"不同网络或网段之间传输的数据信息，便于它们可以互相"读"懂；凭借网关可以实现两个处于不同网段中的传输协议数据顺利地进行翻译转换，进而促进不同网络之间实现互联，通常使用的是一台专用的计算机；防火墙指的是一种把内部网和大众访问网进行隔离的硬件或软件技术，并对经过它的网络信息加以扫描，筛除不良信息，以防外来者入侵，从而实现对计算机的保护。

第三章 信息化教学系统及应用

当今的教育已进入信息化时代，随之带来的是教学系统的整体更新和发展。作为一名新时代的教师，不但需要把教学设计和教学环境与多媒体技术相结合，也需要将信息化网络技术作为开展教学工作的工具，同时还要在信息化背景下进行教学评价。本章主要通过信息化教学设计、信息化教学环境、信息化教学工具、信息化教学评价等深入阐述信息化教学的具体实践。

第一节 信息化教学设计

一、教学设计概述

在教育技术当中，作为核心部分的教学设计可看作是教育系统设计在微观层面的应用。作为整个系统当中进行计划的过程——教学设计，是使用系统方法对于教学系统当中的各个要素（比如教学目标、教学组织形式、教学内容、教学媒体、教师、学生、教学策略等）之间的本质关联进行研究、探索，并借助于具体的操作程序来实现对各要素之间关系的协调和配置，以便它们更好地发挥教学系统的功能。系统设计过程中的每一个程序都有相应的理论和方法作为科学依据[①]。

[①] 何克抗，谢幼如. 教学系统设计 [M]. 北京：北京师范大学出版社，2016.（参考文献第1页）

（一）教学设计的含义及特点

1. 教学设计的含义

通常认为，教学设计是通过系统方法来对教学问题进行分析和对教学目标进行确定，制定相应的策略方法来对教学问题进行解决，同时也是对试行结果进行评价并修改具体方案的过程，是为了获取行之有效的教学模式。整个教学设计是把学习理论、教学理论和传播理论作为理论基础，这也是教学设计当中的核心所在。

2. 教学设计的特点

教学设计综合多种学术理论而自成体系，是一项以实现优化学习为目的的特殊设计活动。这种设计活动具有以下4个基本特点。

（1）教学设计的系统性

在教学设计当中，先是要把教育、教学看作是一个完整的系统来考察，并尝试使用系统方法进行设计、开发、运行和管理，也就是把教学系统看作是一个完整的个体来逐步进行设计、实施和评价，使它得以在功能方面成为最优的系统。所以，把系统方法看作是教学设计当中的核心方法是教学设计在不断发展过程中由研究者和实践者所达成的共识。不论是从宏观教学设计层面来看，还是从微观教学设计层面来看，它们都比较看重系统方法的使用。教学设计过程的系统性决定了教学设计要从教学系统的整体功能出发，综合考虑教师、学生、教材、媒体等各要素在教学中的地位和作用及相互之间的联系，利用系统分析技术（学习需要分析、学习内容分析、学习者分析）形成制定、选择策略的基础；通过解决问题的策略优化技术（教学策略的制定、教学媒体的选择）及评价调控技术（试验、形成性评价、修改和总结性评价），逐步形成解决与人有关的复杂教学问题的最优方案，并在实施中取得最好的效果。

（2）教学设计的理论性与创造性

作为设计科学当中的一部分——教学设计，不但有着普通设计活动的基本特点，同时因为教学情境自身的复杂性和教学对象在个体方面存在的差异性，使得自身具有一定的独特性和开放性。首先，设计活动属于一种纯理论的应用活动，这就意味着教学设计的过程一定要在相应理论指导下方可进行，可看作是对于学习理论、教学理论进行综合后的使用；其次，一些极度抽象的理论与具备丰富情境、不断变化当中的实践之间仍然存在一定的距离，两者的矛盾总是存在的，理论不可能预见所有问题，有时候现实生活中的问题需要创新性地运用理论，甚至对理论进行改造、扩充、重构，以适应原有理论未能预见的新情况、新问题。因此，教学设计是理论性和创造性的结合，在实践中我们既要依据教学设计理论进行教学设计，又不能把理论看作教条，而应该在实践中创造性地运用、发展教学设计理论。

（3）教学设计过程的计划性与灵活性

教学设计过程具有一定的模式，这些模式往往用流程图的线性程序表现，需要按照既定的环节流程进行教学设计。然而，按照系统论的观点，这些要素之间的关系是非线性的，是相互影响、相互补充的。例如，教师根据教学目标和学习者的特征，选择适当的教学策略和结果评价方法，同样，教学策略的实施效果评价反过来又促使教师调整教学目标和策略。因此，在实践中要综合考虑各个环节，有时甚至要根据需要调整分析与设计的环节，要在参考模式的基础上创造性地运用模式。

（4）教学设计的具体性

教学设计是为了使教学当中的具体问题得到解决而逐渐发展起来的理论和方法，也就是要把实际教学当中涌现出的现实问题得到有效解决，从而创建一个有关优化学习的教学系统。所以，教学设计的过程是非常具体的，各个环节需要做的工作也极为具体。由此可看出，教学设计项目能否取得成功往往与参与其中的各方人员的协同工作息息相关，如这里面的教学设计人员、媒体设计人员、学科专家（包含教师）等。

（二）信息化教学设计的概念及基本原则

1. 信息化教学设计的概念

信息化教学就是在信息化环境中，教育者与学习者借助现代教育媒体、教育信息资源和教育技术方法进行的双边活动。它的特点包括：把信息技术作为依托、把现代教育教学理论作为指导，对于构建新型教学模式尤为看重。具体的教学内容有着极强的时代性和丰富性，教学工作与学生的学习需求和特点是相符的。对于信息化教学来说，它不但是以传统教学为基础，针对教学媒体和手段进行的改变，而且还是把现代信息技术作为基础，对于整个教学系统所进行的深入改革和变化。

上海师范大学黎加厚教授提出将教育信息化环境下的教学设计简称为"信息化教学设计"，以区别于20世纪90年代以前没有使用计算机和网络等信息技术的教学设计。具体地说，信息化教学设计是运用系统方法，促进以学为中心的学习方式的转变，充分、恰当地利用现代信息技术和信息资源，科学地安排教学过程的各个环节和要素，以实现教学过程的优化。

处于教育信息化环境当中的教学设计是以传统教学设计作为基础逐步发展起来的，这是因为信息技术的发展改变了整个教学环境，随之带来教学活动的变化。开展信息化教学设计旨在帮助所有的教师在平时的课堂教学当中对于信息技术和信息资源加以充分利用，以使学生的信息素养、创新精神和解决问题的能力得到有效提升，进而提高学生个人的学习能力，取得更丰硕的学习成果。信息化教学设计的教学模式很多，如目前各地探索试验的基于信息技术的研究性学习、资源型学习、英特尔未来教育、苹果明日教室、"拾荒式"教学设计及许多一线教师自己创造的网络时代的新型教学方式等。无论教学的方式方法怎样，信息化教学设计关注的基本点是：基于国家课程标准、基于教育信息化环境，充分利用信息技术和信息资源；有助于对学生的信息素养进行培养；有助于对学生的创新精神和实践能力进行培养；有助于提升学生的学习兴趣、学习效率和学习成绩。对于信息化教学设计来说，不但可以对其相关的基本原理和方法进行了解，还可以借助于相关的案例引导学生进行模仿、创新、分析、移植、反思、总结、反复实践，一步步掌握与信息化教学设计相关的技能，从而使教学质量得以提高。

2. 信息化教学设计的基本原则

在信息化教学设计中，要求以建构主义理论为指导，充分利用信息技术手段进行基于资源、协作、问题解决等方面的学习，使学习者在信息化环境中主动构建知识，注重学生能力的培养，关注学生的学习过程。为此，可以将信息化教学设计的基本原则归纳为以下几点。

（1）强调以学生为中心，注重学习者学习能力的培养

在开展信息化教学活动当中，教师与学生的关系、角色都会有本质的变化。学生始终是整个教学活动的主体，教师是推动学习的促进者，在整个学习过程中起到对学生进行引导、监控和评价的作用。在信息技术的环

境下学习的时候，学习者自身的自主性将发挥主要的作用，这里面就包含对于学习内容和学习方式所进行的选择等。因此，信息化教学设计当中对于学习者所发挥的主体作用还是格外看重的，把学生作为核心，对于培养学习者的学习能力还是尤为重视的。在这一过程中，教师作为学习的促进者，要引导、监控和评价学生的学习过程，使学生能够更好地开展自主学习，以促进学生主动建构知识体系。

（2）充分利用现代信息技术，注重情境的创设

信息化教学设计看重的是学生的积极参与，然而参与活动的时候需要特定的情境作为支撑，所以在开展信息化教学设计的过程中应当对情境的创设加以重视，以使学生产生极为真切的认知体验，进而实现知识的迁移。在创设情境的时候，可使用特定的信息技术手段，创设一个学习者能够彼此合作的情境，通过认知工具和信息资源来参与有关解决问题的活动，从而使学生的学习与特定的社会文化背景进行连接。

（3）充分利用多种工具和丰富的资源，为学生提供良好的学习环境

信息化教学设计注重对信息技术工具和信息资源的使用。现代信息技术的发展尤其是多媒体和网络技术的发展，能够为学习者提供信息化学习工具，提供开放的信息化学习资源，为有效开展基于问题的学习和主动探究学习等提供了充分的条件。这些工具和资源应当同学习的主体任务相关，能够帮助学生完成问题解决的过程，促进学生的意义建构。比如，为学生提供与教学主题或教学问题相关联的典型案例和网络资源，针对学生的学习，给予特定的指导和帮助等。在信息化教学设计当中，信息技术工具和信息资源往往发挥着极为重要、必不可少的作用。在开展信息化教学当中，教师要把信息化学习工具的作用加以充分发挥，尽可能地使用各种信息资源来带动学生的学习。所以，提供和设计信息化学习工作的资源，也是信息化教学设计当中教师需要做的一项重要内容。

（4）以任务驱动作为信息化教学的主要结构形态

在信息化教学设计中，以任务驱动和问题解决作为信息化教学的主要结构形态，学习活动的展开可以围绕某一问题或主题，这些问题来自现实生活和学习中的一些具体事例。学习活动具有明确的任务性、目的性，学生知道为什么而做，教师的重点是借助现实中的任务与问题给学生制定学习目标，引导学生进行探究性学习，有效地引导学生完成任务或解决问

题。学生在相关的、有具体意义的情境中获得知识和技能，通过主动的探索活动体验学习的快乐，培养学习兴趣。

（5）强调师生间、学生间的相互协作，突出学习环境、资源的开放性

在信息化教学当中，参与教学活动的双方的关系有了一定的变化，主要指的是学生之间、师生之间的协作关系所产生的变化。学习者一般都是通过小组或其他的协作方式来推进学习的，在学习的时候要彼此互帮互助，同心完成某个特定的任务目标，从而使问题得到顺利解决。在协作的过程中，所有的学习者都需要担负起一定的学习任务，扮演着特定的角色，所有参与其中的学生要对他人的知识和背景进行了解，同心达成学习目标。信息化教学设计当中的其中一个特征是学习资源和学习环境的开放性。信息技术本身为开放性提供了可以实现的条件，也为教师和学生提供了形式多样的方式，如同步与异步的一对一对话、一对多广播与多对多讨论等，这些都为学生开放的学习方式创造了可能性。另外，除了教师，各行各业的专家都可以对学习者的学习予以指导和帮助。

（6）学习结果通常采用灵活的、可视化的方式进行阐述和展现

学习活动正式结束以后，学生应当把个人学习后的结果进行总结和展示，并和他人共同进行讨论和协商，以此来增进对学习过程的理解和反思。这部分内容时常通过研究报告、讨论、演讲的方式来开展。在此过程当中，教师应当针对学生的学习成果给予一定的指导和帮助，以便学习者更好地展现个人的学习成果。

二、信息化教学设计模式新发展

（一）翻转课堂教学设计模式

1. 翻转课堂的定义

开展传统教学的时候时常包含两个阶段，它们分别是知识传授和知识内化。知识传授由教师在课堂教学中通过讲授得以完成；知识内化则通过学生做作业、切实地操作实践得以完成。在开启翻转课堂之后，该形式发生了根本性颠覆，知识传授只需在课后借助于信息技术来完成，知识内化需要在课堂上经由教师的指导和同学的协助来完成，进而产生翻转课堂。

随着教学过程的颠倒,课堂学习过程中的各个环节也随之发生了变化。

2. 翻转课堂的环节

翻转课堂式教学又称反转教学模式、翻转课堂式教学模式,是指将传统教学的知识传授和知识内化的环境颠倒的教学。传统数学是传授在课堂,知识内化在课外;而翻转课堂式教学是知识传授在课外(学习时主要观看教师的教学视频),知识内化较多地在课堂。翻转课堂式教学的基本结构由知识传授的课前环节和知识内化的课中环节构成。

(1)课前环节

知识传授当中的课前阶段。教师会把学习者已经储备的知识和技能作为基础,围绕具体的教学内容来提几个颇具引导性的问题,使用各样的工具来完成对于授课视频的录制,并在网上进行发布;学习者通过在线的方式来观看教学视频,一步步形成产生与学习内容相关的概念,凭借着多种不同的互动方式,把不是很了解的知识或需要更深加以理解的问题及时反馈给教师。

①分析

A. 学生:学习对象是什么类型的,其学习的能力怎么样,是否有相关的专业基础。

B. 教师:教师是否有足够的时间和精力来准备各种材料,是否掌握计算机的相关操作和录制。

C. 课前:"学习任务单"当中的材料主要有三个方面:一是指导方向的学习指南,里面的内容包括:课程的目标、学生要完成目标、学习方法方面的建议和课堂学习具体形式的预告;二是具体的学习任务,需要学生自行观看视频(主要是学习资源、阅读材料)来完成相应的学习任务,在这个任务当中要实现的目标、教学当中的重难点或由其他知识所设定的问题;三是个人的困惑或建议,当学生完成学习后,按照实际情况来填写。

②整理

教师对自己录制的视频、音频或网上找的相关视频、资料,进行必要的整理,并设计脚本。

③制作教学视频的原则和要点

A. 能够引起学生的注意。教师尽量采用学生不熟悉的形式且要变化多样,如游戏和探究问题这样的形式都是不错的选择。个性化的录制比演播室里的高保真视频让学生更加兴奋和喜爱。

B. 能够使学生更好地去理解。教师要尽量把具体的知识与相应的场景进行关联，方便学生进行应用和理解；视频的难易程度要适中，借助讲故事的方法来传授知识，不但可以增加学生学习的兴趣，还会使学生更好地理解。

C. 能够对于学生的学习加以引导。需要对学生个人的学习时间、学习能力和学习节奏等加以考虑，并要确定学习的目标和顺序，这也为教学视频的设置必选、可选、推荐选项明确方向，为学生提供相应帮助。

D. 能提出相关问题，激发学生进一步的学习动机。在视频的录制中需要设置问题或埋下可以提出的问题，在教学视频之后要提出促进思考或复习知识的问题，而不是看完视频就结束。

E. 让学生觉得教师就在自己身边。在授课视频中教师称呼学生，要用"我们"而不是"同学们""大家"，也要注意和学生的眼神交流。

④发布。教学视频需要跟自主学习任务单同步发送，发放时间一般要提前2~3天，方便对结果进行回收，可以把它放在学习管理系统、网盘或者不是很方便的可以选用网络存储设备。

⑤反馈。根据学生观看视频的效果获取反馈以调整课堂活动设计，以便教师在以后的录制中做进一步的修改。对表现好的学生进行适当的奖励，建立激励机制，对表现欠佳的学生，给予一定的指导。

（2）课中环节

知识内化的课中环节。教师与学习者或学习者与学习者之间对不懂的知识或需要进一步深入理解的问题进行互动、交流、反馈，现场解决问题或形成解决问题的示范性的思路或方法，引导学习者自主解决。翻转课堂的实现依赖于两个环境，即学生课下的学习环境和课堂学习环境，课下的学习环境需要教师的精心设计和学生的认真配合，而课堂的学习则需要学生积极主动地探究和发问，教师引导。

①合作探究阶段。在课堂上，安排任务和提问题的人是教师，通过小组内部同学以合作方式完成，学生可使用这段时间和共同学习的伙伴们一起探讨自主学习过程中所遇见的问题，或者参照教师的人物来分享个人的观点。

②个性化指导阶段。在该阶段当中，各个小组的疑惑由教师来进行解

67

答。各个小组处于探究时期当中都会碰到各种的问题,教师应当依据学生存在的问题进行针对性指导,为小组解答疑惑。

③巩固练习阶段。根据教师的特别指导,小组内部同学总结发言,巩固课程重难点,加深印象。如果练习时间充裕,可以与其他小组同学进行组间交流,将自己遇到的问题、需要注意的方面与他人分享。

④总结点拨阶段。先由几个小组的学生代表总结本次课程的收获及已解决的疑难点。之后教师针对各个小组出现的问题,将重点问题与重点知识集中讲授,对整节课的知识进行系统化梳理,并对课程学习过程进行总结。

⑤反馈评价阶段。教师需要把学生、小组以及整体作为切入点,来评价课程,看重评价自身的多元性和公平性,以激励为主。与此同时,教师应当带领学生进行积极探索以及培养协作精神,逐步提高学生自学能力和解决问题的能力。

(二)多元智能理论指导下的信息化教学设计模式

1. 多元智能的定义

1983年,首次提出多元智能理论的是美国哈佛大学心理学家霍华德·加德纳。在他看来,智力属于一组能力而非一种能力。在加德纳所创建的多元智力框架当中,构成人的智力结构的元素主要有八种:语言智能、数学逻辑智能、空间智能、音乐智能、身体运动智能、人际关系智能、自我认识智能和自然观察智能。每个人都拥有多种智力潜能,这种多元的智力并非完全与生俱来,而是在特定的文化环境下激活和发展的。教育的任务就是提供激活适合个体强势智能和弱势智能协调发展的文化环境,开发和培育学生的多元智能发展。加德纳还认为,智力不是以整合的方式存在的,而是以相互独立的方式存在的,各种相对独立的智力以不同的方式和程度有机地组合在一起。因此,教育应该承认和满足人的智能差异性,因人而异,提供个性化的教育文化环境,促进学生的个性发展。

2. 多元智能理论指导下的信息化教学的环节

由多元智能理论作为指导的信息化教学设计模式,主要内容包括:学生主体化、教师主导化、教学目标智能化、教学活动多样化等,其与传统教学设计模式有一定的不同。下面所呈现的是与信息化教学设计相结合的典型模式，是对多元智能理论进行指导的信息化教学设计模式开启研究和探讨。在信息教学设计经典模式当中，教学设计过程可以分为单元教学目标分析、教学设计与问题设计、信息资源查找与设计、教学过程设计、学生作品范例设计、评价量规设计、执行单元教学设计、评价与反馈八个环节。

（1）单元教学目标分析。教师对单元的教学目标进行分析，从而确定学生通过教学应该达到的水平或获得的能力。教学目标分析除了描述课程标准的目标外，还要描述各项智能达到的标准。

（2）教学设计与问题设计。依据单元教学具体的目标，来完成对于任务和相应问题的设计。教师需要设计出可以调动学生学习积极性的任务或问题，鼓励学生自主学习，促使学生进行全面发展。

（3）信息资源查找与设计。培养和发展多元智能化与传统传授知识的方式是不一样的，是学生处在一个有着一定教育资源的大环境下来开展自主的、敞开的、探究式的学习活动，进而促进智力的多样化、立体化发展。教师必须进行综合开发，利用图书馆、实验室、多媒体教室、校园网、互联网等教育资源，为多元智力的发展创造条件。另外，教师还必须根据任务及学生的学习水平，确定提供资源的方式。教师要设计好要求，要求学生按照学习目标查找资源，避免学生漫无目的地查找，也可以给学生提供现成的资源。

（4）教学过程设计。教师要对整个教学过程进行梳理，使之合理有序。一般情况下，应落实成文字呈现的信息化教案。教学过程的设计要求丰富化、情景化、信息化、多元化。

（5）学生作品范例设计。在教学过程中，如果要求学生以完成电子作品的方式进行学习，教师应事先做出电子作品的范例，当然这个范例是从学生角度出发，以学生应该达到的制作水平进行设计的。有了教师展示的范例，学生观看后会对自己将要完成的任务有一个感性的认识。

（6）评价量规设计。评价量规是帮助教师进行教学评价的工具，结构化的评价工具——量规提供了较为科学的方法，对其进行认真设计将提高评价的可操作性和准确性。把多元智能理论看作依据的话，教学评价也应当呈现出多元化。多元化教学评价的内容包括多元化的教学过程评价和教学结果评价。

（7）执行单元教学设计。教师应当依据教学设计的具体方案，来设计教学过程中开展实施的方案。教师在设计具体实施方案的时候一定要加上八个相关领域的学习内容。使用各样的教学方法，有助于提供八种与智能发展相关的学习情境，让每个人的八种潜能都有能获得充分发展的机会。

（8）评价与反馈。在教学设计过程中，需要对设计工作进行评价和反馈，并随时调整教学设计的有关环节。该模块处于教学设计系统的中心，表明评价、反馈与修改应该伴随整个教学设计过程的始终。

在该教学模式当中，在分析和操作当中的各个环节的时候一般能够跳过当中的个别环节或再次排序；在该教学设计模式当中，对于分析学习者要加以重视，并要呈现在教学设计当中的各个环节。分析学习者的时候可尝试由年龄心理、学生起点、技能分析和基础知识，还可以通过学生模型分析（依照学生在风格方面的差异性，特别是借助于多元智能调查表，粗略分析学生的优势智能和劣势智能，做出每个学生的智能记录），教师根据概率了解构造不同的学习模型，针对不同模型，采用不同的学习策略。

第二节 信息化教学环境

一、信息化教学环境概述

（一）信息化教学环境的概念

教学环境是影响教学活动的各种情况和条件的总和，其包括显性环境和隐性环境。显性环境包括教育仪器、设备、教室内外等物理设施，而隐性环境则包括教育理念、教学氛围、习惯、规范、人际交往氛围及心理适应等。

信息化教学环境就是在现代教育理念的指导下，充分运用现代信息技术建立起来的现代教学环境，以实现教学信息的获取和呈现方式多样化，有利于自主学习及协作学习。典型的信息化教学环境有多媒体教室、网络教室、智慧教室、智慧校园等。

（二）信息化教学环境的组成

信息化教学环境通常是由众多的技术和产品所集成的。学校当中的信息化教学环境通常集成的内容包括数字化教学内容与资源、媒体播放设备、学习终端、集成控制技术、网络通信技术、虚拟仿真技术等相关要素，为教师和学生创建了一个高度融合、具备强大功能的信息存储、加工处理、播放展示、交互操作的系统。信息化教学环境的构成包括六个方面。

1. 数字化教学内容与资源

数字化教学内容和资源主要是指可以在多媒体计算机上或网络环境下运行的、经过数字化处理的多媒体教学材料，如文本、音频、视频、图像、动画、网页、邮件、数据库等。优质数字资源的共建共享和教学应用是数字校园建设的重要内容，丰富的数字化资源是学校开展信息化教学的基础和条件。

2. 媒体播放设备

所谓的媒体播放设备，指的是主要用于针对放在本地的多媒体素材或在线的音频、视频、动画等进行播放的媒体资源。比如在网络教学当中，媒体播放设备有助于学生观看位于服务端的众多数字化教学内容和资源。媒体播放设备日渐多样化，经常看到的有媒体计算机、电子白板、DVD 播放机、平板电脑、多媒体教学一体机等。

3. 学习终端

学习终端是学生在数字化学习的过程中，为获取数字化教学内容与资源而使用的电子设备，如计算机、平板电脑、电子书包、智能手机等。随着技术的发展，应用于教学的学习终端种类越来越丰富。

4. 集成控制技术

众多信息化的设备需要通过有效的集成和控制，创建一个能够开展协同工作的教学系统。比如，多媒体教室所使用的中控平台就属于一个针对多媒体教学设备进行统一控制管理的中央控制设备。所创建的信息化教学环境应尽可能地使用与国家和行业标准相符的技术设备，进而促使各个不同系统实现高效集成、数据共享以及协同工作。

5. 网络通信技术

网络通信技术是通过计算机和网络通信设备对图形和文字等形式的资料进行采集、存储、处理和传输，使信息资源达到充分共享的技术。良好的网络环境是实现优质教育资源高效共享的重要基础。目前，很多学校的校园网络环境日趋完善，为网络环境下的各种教学活动奠定了技术基础，师生可以方便地利用网络实现信息化教学资源访问、教学互动与交流等。

6. 虚拟仿真技术

虚拟仿真技术的问世，是以多媒体技术、虚拟现实技术和网络通信技术等信息技术的发展作为基础，把仿真技术与虚拟现实技术进行融合后所得到的产物。借助于虚拟仿真技术，教师能够与学生共同进入虚拟情境，在观察的同时进行讲解；也可以引导学生借助于虚拟环境、虚拟景物等进行细致观察和自主学习，进而对相关的概念及知识加以理解。这种基于虚拟景物和虚拟环境的交互式学习，能有效发挥学生的主观能动性，使学生真正参与教学活动，成为学习的主体，并保持较高的学习热情和较强的空间想象力。

二、典型的信息化教学环境

信息化教学环境是现代教育技术向信息化、综合化、系统化方向发展的结果，使学生以交互的方式进行学习，以激发学习兴趣，发挥学习的主动性和积极性。典型的信息化教学环境主要有多媒体教室、网络教室等。

（一）多媒体教室

多媒体教室是指在教室内部针对众多的教学媒体进行播放、控制、管理的技术和设备技能，有助于通过多媒体组合的方式开展教学活动的教学环境。它是当前众多学校组织教学活动的主要场地。教师可依据特定的教学设计理念，把多媒体教室当中的众多教学媒体根据媒体自身的特性加以优化组合，以开展各种教学活动。多媒体教室种类较多，不同硬件的不同搭配构成了不同类型的多媒体教室。下面按照计算机连接的显示设备不同，将多媒体教室分为传统多媒体教室、交互式电子白板教室、多媒体教学一体机教室三种基本类型。

1. 传统多媒体教室

（1）传统多媒体教室简介

传统的多媒体教室当中的现代教学设备包括多媒体计算机、投影仪、数字视频展示台、投影屏幕、音响等，它们主要是借助于多媒体集成控制系统（也被称之为中央控制系统，简称中控系统）连接成为一个整体。这个系统可实现有线电视网、校园网络的连接。多种多样的教学资源凭借着相应的媒体传送到中央控制系统，之后经由计算机软件界面、桌面按键面板或遥控器来加以操控，完成各种信号之间的切换，实现对视音频设备的全面控制。传统多媒体教室系统基本结构如图 3-2-1 所示。在这个多媒体系统中，教师通过直观、简便的操作，以人机对话的方式调用各种教学资源。

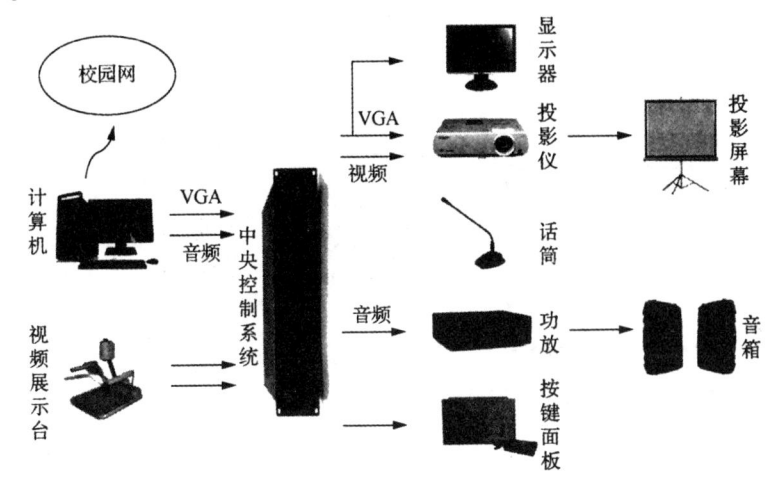

图 3-2-1 传统多媒体教室系统基本结构

（2）传统多媒体教室的教学应用

目前，传统多媒体教室被广泛应用于各级各类学校的教学中，主要应用于以下两个方面。

①开展以教作为核心的课堂教学。多媒体设备所发挥的主要作用是对于教育内容进行展示，凭借着视音频多媒体自身的优势，通过多样化的多媒体信息来对学生的所有感知器官进行刺激，这些对于学生理解教学重点、突破教学难点还是很有帮助的，从而使教学过程得以大幅优化，教学

效率和质量得以显著提高。由于教学当中的媒体主要是作为辅助工具来辅助教师开展教学工作，学生参与控制的不多，所以如果应用不当，可能会造成"人灌"变"电灌"的现象。

②开展学术报告活动和观摩示范课。可以将多媒体教室用于学术报告会和观摩示范课中，辅助开展教师间的学术与教学交流活动。

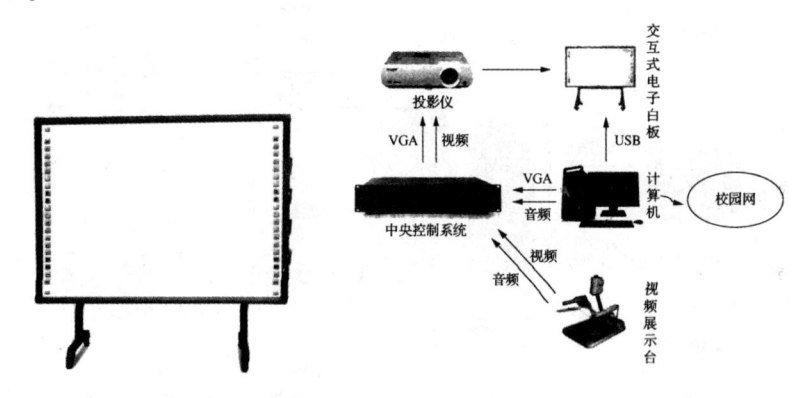

2. 交互式电子白板教室

（1）交互式电子白板教室介绍

交互式电子白板，是一种新时代关于信息技术的应用工具，目前已经在种商务活动、会议讨论、课堂教学以及远程培训等场合广泛应用。交互式电子白板是一块通过把数字投影机以及计算机串联在一起，使其具备触摸感应的白板。投影机将计算机屏幕的图像投射在白板上，用户通过直接触控电子白板或使用一支特殊的笔就可以对计算机进行操控，如图3-2-2所示。

图3-2-2　交互式电子白板　　图3-2-3　交互式电子白板教室基本配置

交互式电子白板教室的基本配置包括一台多媒体计算机、一台投影机（超短焦）、一块交互式电子白板和中央控制系统，有的也包括数字视频展示台、功放、音箱、影碟机、录音卡座等扩展配置，如图3-2-3所示。该类型的多媒体教室中，计算机的显示内容通过投影机投射到白板上，当感应笔或手指在白板上书写或操作时，通过感应及白板与计算机之间的反馈数据线将数字信息输送到计算机中，并迅速（以人眼难以区分的快捷速度）通过投影机投射到白板上呈现出来，从而实现交互式电子白板的各类基本操作，表现出与计算机之间更为强大的交互功能以及更为出色的演示效果。

(2) 交互式电子白板的教学应用

①搭建一个师生交互的课堂模式。其中的交互式电子白板技术使得课堂互动和师生互动在技术方面变为可能和便捷，进而为构建一个围绕学生学习的课堂教学做好了扎实的技术基础。在开展教学工作时，教师可尝试使用标注工具作为辅助进行讲解，把想要传递的思路呈现出来，进而很好地吸引学生听课时的注意力。同时，学生也可以更改、充实教师用交互式电子白板技术制作的课件内容。不论是学生对知识的正确理解，还是错误的回答，只要在电子白板上操作，系统会自动储存这些宝贵的信息。由于电子白板可以记录教师以往授课内容和过程（包括学生的学习过程），有利于学生巩固和回忆旧知识及概念，从而促进学生的学习和掌握新知识。

②学生实现自主学习。交互式电子白板的操作系统使得传统计算机多媒体的工具功能得到一定的丰富，操作工具当中增加了录放功能、遮罩功能、照相功能、涂色功能等。与传统多媒体教学相比，其视觉效果得到了提高。使得学生产生了更加浓厚的学习兴趣，从而更加主动、积极地参与整个学习。

③教师备课便捷化。教师不仅用交互式电子白板授课，同时电子白板也是教师备课的好帮手。电子白板系统为每个学科准备了大量的学科素材，但不是固定的课件，教师可根据自己特定的教学设计和目标应用资源库中的素材，形成自己的教案。电子白板系统对于微软当中的各类软件应用是兼容的，教师可以通过上网的方式来找寻与课程相关的资源。除此以外，教师可以用来把教学的全过程录下来存入个人的文件夹，作为学科教学的电子档案和课程资源，也便于日后开展授课、总结和反思。

3. 多媒体教学一体机教室

一台多媒体教学一体机属于整个多媒体教学一体教室的基础配置。多媒体教学一体机是把红外触控技术、智能化办公教学软件、高清平板显示技术、多媒体网络通信技术等融为一体，同时还有投影仪、计算机、电视、交互式电子白板等众多的设备，把传统的显示终端升级为功能齐全的人机交互设备。

除具有交互式电子白板基本的功能外，多媒体教学一体机显示效果更好，图像的清晰度、亮度和对比度更高；支持两点同时定位和书写、多种手势动作识别，可以本能地、自然地进行缩放、旋转、批注，使演示更加直观，提升触摸体验，提高人机互动的灵活性，符合互动式触控的发展新趋势。

通过多媒体教学一体机可以实现书写、批注、绘画、多媒体娱乐及计算机操作。只需一台设备，即可满足多媒体教学需求，它完全替代了"投影+计算机+功放音箱+电子讲台+高清视频展示台"等传统复杂教学模式。

（二）网络教室

网络教室是集成了多媒体技术和网络技术的一种信息化教学环境。它既能呈现形式多样的教学内容，又能提供各类丰富的学习资源，能够支持学生的自主、合作、探究性学习活动。

1. 网络教室的基本组成

网络教室通常由计算机网络和网络教学系统两部分构成。

（1）计算机网络

网络教室当中所使用的计算机网络属于小型的局域网络，这个网络可借助于代理服务器实现与校园网之间的连接。网络教室当中硬件方面初级配置主要包含教师机、学生机、集线器或交换机、服务器等设备，并借助于双绞线进行连接。机房当中所使用的的服务器可通过具备高性能的 PC 进行承担，也可以使用比较一般的 PC。由于教师机经常处于多任务工作状态，教师机在 CPU、内存等方面的配置应高些。学生用计算机除常规 PC 的配置外，还需具有耳机和话筒，有条件的机房还可以配置功放、投影仪等多媒体演示设备。网络机房中，学生机及教师机等网络设备的布局通常有普通教室型、U 型、小组协作型、综合型等。具体实施时可依据教室空间结构、学生群体的特征及教学活动的内容和模式等因素设计摆放格局，以满足实际教学的需求。

（2）网络教学系统

所谓的网络教学系统，指的是以计算机网络系统作为基础，为了使网络多媒体教学可以更好地开展所配备的控制系统，通过计算机信号的传输作为调配，从而对学生机的使用进行控制。由于控制信号有着多种的传输方式，从而把多媒体网络教学系统细分为以硬件方式为基础的多媒体控制、以软件方式为基础的多媒体控制和以硬软件融合为基础的多媒体控制。

2. 网络教室的教学应用

在网络教室中开展教学活动，应该充分发挥计算机技术和网络技术的优势，培养学生的信息素养。目前，网络教室主要用于学科教学、在线测试与反馈、教师培训，以及作为电子阅览室使用。

（1）学科教学

网络教室的其中一个用途是用来开展信息技术教学。除此以外，也可以用来开展多媒体辅助教学。教师不但可以把由网络服务器和教师机当中传输的多媒体信息（主要包含文字、图像、动画、视频、声音）传授给学生，进而使网络资源的共享和使用得以实现，从而顺利开展演示教学；也可以将教师机或任意一学生机的屏幕内容传送给全部、小组或个别学生。在教学过程中，教师可以针对不同学生的不同问题进行单独指导，有助于个别化指导教学。当发现某些学生有好的学习方法或优秀的作品时，教师可以将他们的解题思路和作品展示给其他学生，这种分享会使学生获得认同感，体现其学习的主体地位。

（2）在线测试与反馈

学生可选用网络服务器里面的试题库来开展自学和自测，第一时间来掌握个人的学习水平，方便对个人学习进度进行调整。教师可选择使用试题库或最新创建的试卷来考核学生，并借助系统对学校的每个学生、每一个班级甚至是整个学校在某个时间段内的学习状况进行分析，从而为调整或优化教学过程提供参考。

（3）教师培训

利用网络教室对教师的教学技能进行培训，帮助教师掌握信息化教学工具，提高他们利用网络获取优质教学资源的能力，发展教师的信息化教学技能，从而提高教学质量。

（4）电子阅览室

电子阅览室储备了充足的学习资源，使得传统阅览室有限资源的缺点得到有效弥补。学生可依照个人的需求，借助于互联网选用相对应的数字图书馆来完成资料的查阅或凭借多种不同途径来进行讨论和交流。该方式对于自主学习还是很有帮助的，并能够充分培养和提高其信息素养。

（三）高校慕课

1. 高校慕课建设的研究基础

与传统的教学方式相比，慕课的特点主要包括：以互联网作为基础实现教学空间的虚拟化、打破时空辖制以使资源得到最充分的利用、对于自由选择的学习表现给予支持、师生和学生之间交流较为多样化，实现了教与学的伟大变革。在国内，主要是以在线教学和慕课的评估评价、实施规范、认证标准等为核心，做了很多的研究和实践工作。

英国 WalesBangor 大学提出了一种虚拟学习环境的教育评价框架，包括会话模型和控制论模型。前者用于评价教师和学生、学生之间及学生与环境通过媒体进行交互的活动情况以及学习工具的交互性支持等；后者则从资源流通、协作、监控、个性化、自主组织、结构的可变动性对各种在线学习工具进行性能的分析。美国国家教育协会和 Blackboard 公司共同颁布了在线学习质量标准（Quality On The Line），其内容主要包含：体系结构、课程开发、教学/学习、课程结构、学生支持系统、教师支持系统、评价与评估系统 7 个方面 24 个必要的核心子指标项和 21 个非必要的可选子指标项，评价基于互联网的远程学习质量。

自 2017 年起，教育部在开展"国家精品在线开放课程"认定工作过程中，从操作层面制定了一套认定标准，包括了课程内容、课程教学设计、课程团队、教学支持、应用效果与影响等几个方面。2019 年，在《教育部关于一流本科课程建设的实施意见》中进一步完善了这套认定标准，涵盖了教学理念先进、课程教学团队教学成果显著、课程目标有效支撑培养目标达成、课程教学设计科学合理、课程内容与时俱进、教学组织与实施突出学生中心地位、课程管理与评价科学且可测量等方面。这套认定标准操作性强，在事实上对高校慕课建设起到了导向作用，成为研制慕课标准规范的重要工作基础。

2015 年以来，中国高校计算机教育 MOOC 联盟依照具体工作当中的需要，相继颁布了一系列的标准规范，主要有在线开放课程建设实施指南、在线开放课程上线开放与服务规范、MOOC+SPOC 实施指南与规范、混合式教学实施规范暨"MOOC+SPOCs+翻转课堂"实施指南、在线开放课程分级评价认证标准。这些标准规范虽然是针对计算机类慕课建设与应用的，但也具有一定的普适性。

2018年，清华大学等单位联合起草了《信息技术学习、教育和培训在线课程》国家标准（GB/T 36642—2018），提出在线课程信息模型（包括：课程信息概要、学习活动设计、测试类学习资源、非测试类学习资源、课程讨论区、知识点集合、教学分析报告、扩展元素）、在线课程评价方案信息模型，同时对在线课程平台也提出了基本要求。这份国家标准从教育技术角度对包括慕课在内的在线教学的要素进行了系统梳理。

通过国内外相关专家的研究与实践为制定慕课标准规范奠定了很好的工作基础。2019年，中国慕课大会发布《中国慕课行动宣言》提出："积极推进慕课质量管理，努力为世界慕课发展贡献中国经验、中国标准、中国方案。"为积极响应行动宣言，教育部高等学校教学信息化与教学方法创新指导委员会、高校在线开放课程联盟联席会启动了中国高校慕课标准规范的研究、制定与宣贯工作，于2019年11月发布了《高等学校慕课建设与应用指南》（征求意见版）；经过一年的征求各方意见和修订，2020年11月发布了《高等学校慕课建设与应用指南》（试行版），并推荐给全国高校参考借鉴。指南的发布受到了教育部、高校教师和社会的好评，对高校一流课程高质量建设、国家一流课程评审标准等产生了重要影响。

2. 高校慕课的应用方向

建设慕课是为了应用和共享。将线上慕课与线下实体课堂有机结合，既能发挥慕课的优势，如不受时空限制、多通道重复学习、有效实现过程化与个性化考核等，又能发挥实体课堂的优势，如教师与学生同步学习与互动、有效强化学生学习效果等。

慕课应用指南建议有三种方式：（1）基于慕课的线上线下混合式课程。（2）基于SPOC的线上线下混合式课程。除开放性受限外，SPOC其他要素亦如慕课，也是完整的在线课程（本文统一称其为慕课，除特殊情况外不做区分）。（3）基于"MOOC+SPOC"的线上线下混合式课程。"MOOC+SPOC"是将慕课整体嵌入SPOC中的一种特殊形式的SPOC，是我国高校创造出的颇具代表性的在线课程形态。基于MOOC/SPOC的"1+M+N"跨校协同教学是其典型的教学模式。

线上慕课与线下实体课堂在融合的过程中产生了线上线下混合式课程。线上课程一般是由教师讲授课程的视频，完整地呈现了教师"讲教"；

线下课堂更多地强调学生"学练"。该课程既能够应用与个人建设的慕课，也可以应用经认定的优质慕课。建议引进高水平教师的慕课或国家一流课程以提高课程内涵，在本校建立 SPOC 以解决分层次差异化教学，再基于该 MOOC+SPOC 开展翻转课堂教学，以提升学习效果。

在慕课应用过程中，要避免出现慕课运用不当，进而导致增加学生负担（线上观看视频与线下教师讲授相重复）或者过度依赖慕课致使课堂教学效率下降（注重了课堂教学的形式改变而忽略了课程内涵与挑战度的提升）等问题。为此，慕课应用指南在线上线下结合的教学设计与教学实施等方面对教学内容、教学方法、教学学时、教学活动、教学数据及运用等进行了规范，强调了慕课运用的恰当性、课堂行为的规范性、教学设计的合理性和教学过程（文件）的完整性，并规范了必要的教学文件。例如，建议线上学习学时占课程总学时比例的 20%～50%、翻转课堂应统筹线上教学与线下教学的形式互补与合理分工、线上学习时间与线下学习时间的合理分配、线上学习成绩与线下学习成绩的合理划分、线上教学活动与线下教学活动的分工合作等；应注意考核形式多样化、形成性评价与结果性评价相结合、教学过程完整性、教学文件应齐全等。

慕课标准规范对于高等教育相关组织与个人均发挥着重要作用。广大教师可以基于标准规范完善自建慕课及混合式课程的运行，按照标准规范的指引，创新慕课运用方式，改革课堂教学模式，提高教育教学质量。高校管理者可以基于标准规范审核自建在线课程运行质量，完善在线课程学分认定标准，进而推动在线课程的共享与传播等。各类慕课联盟可以基于标准规范速选，并推动高质量高水平慕课的广泛传播与共享。各级教育行政管理机构可以基于标准规范建立优秀课程评价标准，推动优秀在线课程的认定和共享等。各慕课平台可以基于标准规范完善课程平台的功能，提供符合标准规范的具有统一口径的课程相关数据，建立慕课建设、上线、开放、运行、监管规范的制度体系。

随着教育信息化的快速发展，慕课和基于慕课的混合式教学在我国高校教学改革中呈现出越来越重要的影响。人们目前对于慕课的理解、认知和运用仍然处于发展之中。慕课标准规范与应用方向所发挥的作用包括：(1) 规范教师建设在线课程，提高在线课程质量；(2) 指导教师运用慕课改革课堂教学，提高课堂教学质量；(3) 引导高校正确评价课程，认定课程学分；(4) 引导高校管理者推动在线课程传播与课程共享；(5) 引导各类慕课平台规范管理和运行慕课；(6) 引导各类教育机构正确评价慕课。

慕课标准规范的建设不仅仅在于文本制作，更要强调宣传、贯彻与落实，推进慕课的建、用、学、管、评。应该在政府部门、教指委、高校在线开放课程联盟联席会、各慕课联盟组织、慕课平台及相关企业、广大高校、教师和学生等层面建立广泛的传播渠道，推进慕课标准规范成为"中国慕课"解决方案的重要组成部分，为世界慕课建设提供引领性借鉴。

(四) 高校雨课堂

2020年春季学期，为防范新型冠状病毒肺炎在校园内扩散，教育部印发《关于在疫情防控期间做好普通高等学校在线教学组织与管理工作的指导意见》，要求"停课不停教、停课不停学"。全国各类院校积极响应，传统的课堂彻底转化为线上授课。疫情期间，各种移动端教学平台为线上教学的顺利实施提供了保障。由于不同线上教学工具功能、优势各异，需要教师在充分了解并能熟练操作的基础上，选择适合的线上教学平台进行授课，以此保证良好的教学效果。"雨课堂"是由清华大学在线教育办公室和学堂在线联合研发的一款在线教学工具，它将PPT、微信融为一体，在学习资料推送、互动教学和学习数据统计与学习行为管理等方面优势突出，便于课堂上教师对课堂秩序的把控和师生即时的交流互动。

疫情期间，笔者根据"比较文学"的课程特点，将"雨课堂"引入我校文学院"比较文学"课程教学活动中，进行了该课程的线上教学实践和探索，现对此进行简单总结和分析。"比较文学"是教育部要求全国高校中文系列入教学计划的重要课程，该课程系统地介绍比较文学学科的发展过程以及基本概念与原理、研究对象与研究类型、研究方法与技能和当前学术发展的前沿信息等，它审视世界文学的交流与发展，将中外文学研究置于世界比较文学研究的历史格局之中，遵循具有普遍意义的、能真实反映中、西不同文化的共同原则，具有极强的理论性和广阔的学术应用前景。

1. 传统比较文学教学中存在的问题

从近年来"比较文学"课程的教学效果、学生评价、学生总评成绩等方面的反馈信息来看，我国高校该课程教学主要存在如下问题：(1) 课程学时压缩严重。"比较文学"知识体系庞大，包含学科发展、基本原理、研究派别以及经典的研究案例分析等部分，近年来随着中国学派的崛起，变异学等热点研究内容又融入课程体系。在2018年修订的专业培养方案中，"比较文学"理论教学由36学时压缩至32学时，教师只能加快授课节奏并选择性地讲授部分内容，不利于学生系统地掌握学科知识。(2) 教学方法单一，缺少互动。目前课堂教学以传统的教师讲解为主，存在"填鸭式"教学的情况。加之授课时间的限制，缺少师生互动、课堂气氛沉闷。(3) 教学过程停留在课堂时间，课前和课后师生联系少，学生遇到的问题不能及时得到解决。(4) 考核形式单一，不够合理。课程考核形式包括平时成绩和期末考试成绩两部分：平时成绩通过考勤和作业的完成情况进行核定，仅占课程考核成绩的30%，不能全面反映教学过程中学生的学习情况；期末考试成绩占70%，比重过高，导致部分学生仅靠期末突击复习应对考试。总之，传统的线下教学未充分发挥学生的学习主动性，课堂教学和课前预习、课后辅导脱节，单一教学模式导致学生学习兴趣下降，不利于教学和学习效果的提升。

2. 基于雨课堂的生态学教学探索和实践

（1）课前推送预习资料，减轻课堂学习压力。充分的课前预习是获得良好学习效果的保证。通过雨课堂平台，笔者在课前将预先制作好的预习素材（包括PPT、语音、视频（慕课视频+网络视频）、试题、外部链接等文本形式）推送给学生，构建以学生为主体的预习环境，培养和提升学生自主学习的能力。雨课堂能够记录学生的预习时长、视频观看和答题情况以及预习中的问题反馈等，便于教师了解学生的预习进度和预习效果，有针对性地完善教学设计，减轻了课堂教学压力。

（2）通过雨课堂进行考勤，节约课堂时间。与线下课堂点名考勤相比，雨课堂提供的签到考勤功能节省了大量的教学时间，有效提高了课堂效率。通常，教师在上课前10分钟开启雨课堂，学生通过"扫码"或"课堂暗号"进入课堂签到，教师实时对签到人数核实，使得线上考勤更加生动。授课结束后，在"课堂小结"中查看进入课堂的人数，并可查看签到和未签到的学生数据。

（3）运用多种功能模块，促进课堂教学中的良好互动。雨课堂中设置了多种功能促进课堂中的师生交流与互动。教师可以通过"随机点名"

"限时答题"等功能提高学生课堂的注意力，使学生时刻保持专注，增强课堂的活跃度，提升学生的学习自信心。雨课堂中还提供了"不懂"和"弹幕"功能，学生可以在教学资源中标记"不懂"的地方，也可通过发送"弹幕"向教师进行即时反馈，教师进而调整课程节奏并进行重点讲解。教师通过这些操作，丰富了课堂形式，活跃了课堂气氛，改变了传统课堂上"以教师为中心"的模式，有效提高了学生在教学过程中的主动参与意识。

（4）课后推送复习资料，巩固课堂知识。雨课堂能够自动记录授课PPT，以便学生课下回顾和复习。在此基础上，教师在课后通过雨课堂给学生推送适量和适宜难度的习题及复习资料，并设置完成时间，在学生完成后进行批改。该过程作为课堂教学的延伸，既帮助学生巩固了课上所学的知识点，又能及时对学生的课堂学习效果进行评估。此外，师生还可在课后通过"私信"功能实现"1对1"的沟通，便于教师对不同学习特点和学习能力的学生，采取有针对性的教学辅导手段和措施。

（5）基于雨课堂，实现数据驱动的课程考核。根据高校的教学要求，需要综合考勤、作业、课堂问答、随堂小测、期末考试等多种形式对学生进行课程考核。由于课时数和教师精力所限，在传统教学情况下，完全实现上述教学过程难度很大。在雨课堂平台的支撑下，可以将把教学活动中的各种数据进行收集、整理、系统分析并加以评判，实现数据驱动的课程考核。新冠疫情期间，笔者将"比较文学"的课程考核划分为课前预习（按时完成课前推送内容）、课堂表现（出勤、课堂参与情况、随堂小测等）、课后复习（课后习题完成情况）和期末考试四部分，所占权重分别为10%、20%、20%和50%，依据雨课堂数据对学生学习情况进行评价。这种方式从某种程度上克服了传统考核中不重过程、考前突击应付考试等弊端，有助于学生形成良好的日常学习习惯。

总的来说，"雨课堂"作为一款优秀的在线教学工具，在新冠疫情背景下有力保障了高校"比较文学"教学任务的顺利完成，并取得了良好的教学效果。通过将雨课堂融入"比较文学"教学，显著改善了传统课堂上"教师主导"的教学方式以及课堂互动有限、课堂效率低、教学方式单一、考核形式不合理等问题，对课程学习时间进行高效利用和科学的规划，实现了对课前、课中和课后的全程监控及反馈。值得注意的是，雨课堂的应用也对教师信息化工具使用、教学设计优化、课堂气氛调节、线上教学材料准备等方面的能力提出了更高的要求。雨课堂的应用并不能完全取代传统课堂教学,传统教学在知识传递、课堂秩序把控等方面具有先天优势。因此,在教育全球化和信息化的背景下,将雨课堂和传统课堂进行有机结合,使之成为传统教学模式的自然延伸,才能真正实现科学教学和教学科学。

第三节 信息化教学工具

一、信息化教学工具概述
(一) 信息化教学工具的概念内涵

1. 信息化教学工具概念

教学工具指的是为了能使学生对于教学内容得以形象、直观地进行理解所用到的各种不同器具以及教师在课堂教学使用工具的总称。它可以使学生的学习兴趣得到有效提高、感性认识更加丰富,有助于学生形成清晰的概念,使得学生的观察能力和思维能力得以发展。而信息化教学工具就是基于计算机技术,通过图形、动画、交互等数字化方式替代传统的实物、模型、图片及操作,通过课堂多媒体设备进行教学的工具。它不仅具备普通教学工具的基本特征,还具有使用灵活、效率高、成本低、信息海量等优势。它能够很好地促进信息技术与课程融合,能够实现混合式学习、跨学科学习、研究性学习等多种信息化教学模式,是信息化教学环境最重要的基础。

2. 信息化教学工具内涵

伴随信息技术的发展,针对信息化教学所进行的改革已成为必然。教师在开展教学过程中,通过对现代信息技术和工具的使用来设计和改进教学活动,把信息技术和学科特点进行融合,使用混合式教学、跨学科教学等方式,更好地展现出教学所特有的形象化、多样化、视觉化和互动化。

这些都依赖信息化教学工具的灵活使用。教学信息化是指在教学中应用信息技术手段，使教学的所有环节数字化，从而提高教学质量和效率。以现代教学理念为指导，以信息技术为支持，应用现代教学方法的教学。在信息化教学中，要求观念、组织、内容、模式、技术、评价、环境等一系列因素信息化。由此可以得出，信息化教学工具是教学信息化的具体体现，是信息化教学设计与信息化教学模式得以实现的基础。

（二）信息化教学工具的类型和特点

1. 信息化教学工具的类型

（1）按常用的资源和工具分类

按照常用的资源和工具，可进行如下分类：面向课堂教学的课件，如 PowerPoint 的应用技巧（ispring Free）；面向自主学习的课件，如微课视频的设计与制作工具（Camtasia Studio）和网络课件的设计与制作工具（Aticulate 系列工具应用）；思维可视化工具（概念图 Inspiration、思维导图 Mindmanager）；教学评价工具，如 Free Quizmaker、Easy test。

（2）按照课前、课中、课后分类

当前，信息技术在教学方面有着极为深入的应用，只不过各种工具所具有的功能所形成的交叉既有利又有弊。对于依照整体的以信息化教学作为基础的课堂教学而言，教学主要包括 3 个阶段（分为课前、课中和课后），在这里通过一个有关课堂使用的案例来对课前、课中和课后三个阶段工具进行分类。

①课前，翻转课堂的课前任务不只是让学生看某个资料或视频，同时还要给学生布置任务。它的目的是让教师知道学生在什么地方遇到了问题。课前所使用的信息化工具主要是集体写作或资料共享。例如，集体备课的 Quip 软件，可以实现实时编写、实时上传，及时共享；可以公用的百度网盘。

②课中，开展翻转课堂的时候不会再传授新知识，而需要花更多时间来解决学生所遇到的问题，大力培养学生在自主、合作、探究学习方面的能力。所以，课中所采用的信息化工具大部分都是有着较强互动性的工具，如互动演示（电子白板）、抽签互动（小飞侠随机抽取器）、学生作品展示（手机/平板电脑投屏）。

③课后，翻转课堂的课后主要包括课后作业和课后反思、综合性实践活动，课后作业，进行针对性训练，达到训练巩固的目的；课后反思，引导学生梳理知识结构，总结学习方法和经验，达到提升学习能力的目的；综合实践活动，引导学生进行课外拓展探究，达到延续学习探究的目的。课后所使用的信息化教学工具多为作业工具和测试工具，如比较常用的QQ作业和问卷星。

（4）根据教师使用热度划分

当前，把学校教师当中极为常见的信息化工具划归为第一梯队，主要包括多媒体计算机、PowerPoint和PPT翻页器，这些有着很好的使用率。不但体育、音乐学科会使用，而且其他学科的教师也通常会用到，这说明多媒体计算机、PowerPoint和PPT翻页器的配合使用是受教师使用最多的第一梯队信息化工具。

处在第二梯队的信息化工具是VOD点播系统、实物展示仪、视音频工具，使用率在40%左右。很多学校购置了大量的视频材料，如名师大讲堂以及理化生等学科的实验演示视频，这些材料发布在VOD点播系统上，教师可以根据自己的需要有针对性地选取相关视频素材。VOD点播系统丰富了各学科教师的教学手段。实物展示仪在教师进行试卷讲评、作业点评时经常用到。英语教师需要播放听力资料，语文、历史、政治等学科教师也会播放一些视频材料，因此视音频工具使用率也不低。

生活中常见的浏览器、几何画板、电子白板、Word主要是位于第三梯队的信息化工具。在课堂上很少使用浏览器，表明开发网络课件的热情不是很高涨，大部分教师使用的是演示型课件。数学教师常用的工具是几何画板，使用率不低。Word是文字编辑工具，演示、交互等功能较弱，课堂上使用率不高是正常现象。电子白板的使用也较低，原因分析如下：一是先入为主的观念，教师习惯使用PowerPoint开展教学，而且效果也不错；二是电子白板功能较多，使用复杂，教师没有时间和精力去研究电子白板的使用，开发相应的课件；三是电子白板稳定性欠缺，容易出现故障；四是教师站在电子白板前面教学，投影画面很大一部分被教师身体遮挡住，而且投影的光也会让教师产生眩晕的感觉。

2. 信息化教学工具的特点

（1）可适应性

信息化教学工具所具有的可适应性要求包括三个方面：一是要有比较适合的教学情境；二是尽可能地适应学习者的特征；三是要适应学习任务。信息化教学工具对于具体教学情境的适应性体现在针对信息化教学工具的选择主要是由教学情景当中具体的形式来进行决定的。信息化教学工具对学习者特征的适应，应考虑到同样是班级授课，高校学生及成人教育是有很大区别的。对学习任务的适应，我们应该考虑根据任务的类型而选择合适的信息化教学工具。

（2）高效能性

任何一种信息化教学工具在具体教学活动中都有它的特殊功能和效果。我们在选择信息化教学工具时，要选择能够发挥最优功能和效果的工具，从而提高教学效能。

（3）教育过程的智能化

信息化教学工具还可以对教学过程进行智能模拟，学生借助于人机对话的方式进行自主学习、复习、模拟实验等，并可以借助于反馈使交互得以实现，从而为探究性学习创设条件。

二、知识可视化工具及教学应用

（一）知识可视化概述

1. 知识可视化概念与内涵

知识可视化指的是凭借着设计把知识视觉转化为具体的图形、图像。除了针对事实信息进行传达以外，知识可视化还可以达成传输人类知识的目标，并很好地帮助他人对于知识进行正确地重构、记忆和使用。这个领域研究的是如何通过视觉转化更好地提高人与人之间的知识传播和创新。知识可视化呈现方式主要分为图形、图像、视频、多媒体四种。

知识可视化是通过图解的方式把知识呈现出来，产生出可以对人的感官产生作用的外在表现形式，进而加快知识的传播和创新。在学科知识体系当中，各个不同知识概念之间所蕴藏的关联以及在传播知识过程中所获取的创新知识都应当划归到隐性知识当中。因此，如果我们把那些抽象的学科知识概念及其隐晦的关联关系用直观的视觉符号展示出来，那么不仅能够清晰地展示学科知识体系的组织层次结构，还可以把抽象隐晦的学科知识显式具体地传达给学习者。知识可视化已经涉及众多的学科领域，包括教育学、认知科学、计算机语言学和知识科学等，并且在这些领域有着十分广泛的应用。

2. 知识可视化功能与意义

（1）知识可视化的功能

知识可视化的功能主要包含以下几个方面：一是社会方面，它对于协调知识生产者之间的传播很有帮助；二是情感方面，它可以带动学习者对图形自身的意义和兴趣进行主动地探究，对于知识方面的创新、意识和兴趣的转移很有帮助；三是认知方面，它可以促进记忆并培养新知识的应用，可视化的过程引导概念和观点的深入理解和正确评价能呈现先前知识的联系，引导顿悟。

（2）知识可视化的意义

①促进右脑的发展，培养创造性思维。就目前来看，大脑右半球还处于较为被动的自然状态，开发右脑有其必要性，而右脑对直观形象具有敏感性，所以利用可视化的信息开发右脑有其可行性。只有两个脑区协作工作，才能构筑一个功能互补并具有转移技能效应的统一的控制体系，创造潜能才能得到更好地开发。

②对认知结构进行优化。通过概念图可以呈现出有效的视觉信息，进而能够和大脑当中已经存在的知识网络进行连接，以此来完成对于认知结构的优化，知识可视化是用来认知的一种工具，属于一种智能形态工具，属于一种行之有效的学习方法。知识可视化可以教会学习者学会略读，学会记忆和储存，从而加快学习的速度，获得最佳的学习效果。

（二）概念图工具及其教学应用

1. 概念图的定义

概念图是用来对知识进行组织和表征的工具，它时常会把某个与主题相关的概念或命题放在圆圈内部，再使用连线来连接一些相关的命题或概念，从而产生概念或命题当中的网络结构，通过这种形象化的方式来完成对于学习者知识结构的表征，以及对于某个主题的理解。

2. 概念图的教学应用

在教学中，概念图可以作为先行组织者工具、评价工具、课程开发工具使用。

（1）先行组织者工具

先行组织者主要通过三个方面来协助信息的保持和推进。首先，若设计合适的话，它们能够引导学生留意到个人在认知结构方面的存在，起到一定固定作用的概念，并在此基础上构建新知识；其次，它们借助于把相关的知识囊括进来，并确定它里面包含各样不同知识的基本原理，进而成为新知识的脚手架；最后，这种稳定和清晰的组织，可以使学生不必采用机械的学习方式。

（2）评价工具

概念图作为评价工具可以反映学生已有概念，把握知识特点、联系和产出新知的能力，从学生所举的概念节点上可获知学生对概念意义理解的清晰性和广阔性。正是有了这两大优点，概念图可以成为有效评价某一知识领域认知水平的工具。概念图评价学生的理解水平，其答案往往是开放的，不是唯一的，这有利于学生思维的发散，有利于学生创造力的激发。同时概念图还是具有特定范围的，它里面有着一套客观、严格的评分系统，不会因为人为的因素影响分数。另外，学生在制作概念图的时候，会不自觉地表现出对于认知的情感，会使用不同的结构或连接词来进行表达，所以概念图不但可用来对学习者在知识理性认识的清晰性方面进行评价，同时也可评价其态度情感和价值观。

（3）课程开发工具

在特定主题上使用概念图规划课程和教学可以让学生在概念结构上更为清晰。在课程层次上开发概念图，既要开发涵盖主题及其相互关系的全局"宏观概念图"，还要开发能表达更多细节，重点呈现某个部分的"微观概念图"。如图3-3-1呈现的是一堂思想政治课的文化生活所制作的概念图，该图很好地围绕该节课当中的一切内容进行了归纳和总结，教师在上课的时候，可以选用该图来梳理个人的思路，不断地对课程内容进行提炼；也可以把这个图分享给学生，好使学生对于课程内容有一个整体的认识，之后和教师一起对课程内容进行分析和学习。

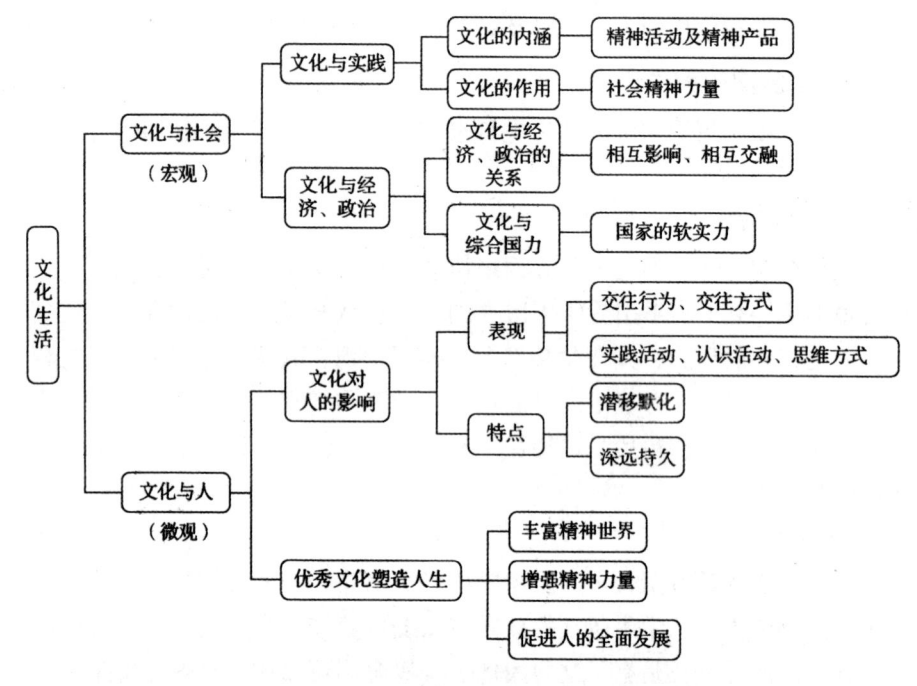

图 3-3-1　文化生活课程内容概念图

（三）思维导图工具及其教学应用

1. 思维导图的定义

人们常说的思维导图，是英国学者 Buzan 在研究脑神经科学的基础上所提出的一种与放射性思维以及图形表达相关的辅助性思考工具。思维导图的中心思想在于把隐藏在人大脑当中的各种相关的抽象观点借助于直观形象的图示结构加以呈现。图的中心位置用的是一个主题词，整个思维导图以主题词为中心展开。连接主题中心的各个分支通常代表大脑瞬间闪现的各种观点、记忆或者想法，分支与中心及各个分支之间可以通过使用不同的色彩或粗细程度不同的线条来区分不同的关联。另外，每一个分支又可以是另外一个中心关键词，然后向外发散出更多个分支，整体呈现放射性的立体结构。

2. 思维导图的教学应用

思维导图从创建到现在已经过了 30 多年，它广泛应用于全球范围内的众多行业，也是很多商业人士必备的工具之一。大部分人会选择使用思维导图来挖掘个人的大脑潜能，促使脑力和理解力得到提高，进而激发创造力。近年来，思维导图在教师、学生的学习和生活中运用得更加广泛深入，它能够被运用于教师的教学计划安排、课堂内容安排、专业发展规划；能够被用于学生的课程学习、思维交流、职业规划与创业实践等很多方面。

3. 思维导图与课堂教学

使用思维导图能够快速地做出会议记录、工作策划、决策分析等。思维导图不但有着清晰的条理，还可以有效地带动组织者的创造性思维，有助于人们进行细致的思考、激发创造力。透过美学的视角来看，工作时用思维导图不但会成功吸引大家的注意力，也会激发组织者的工作热情。对于教师和师范生来说，学会运用思维导图进行教学是掌握一种有效提高教学效率的重要方法。

图 3-3-2 所示是"黄河是怎样变化的"的思维导图。该节课程内容可以与其他学科结合，进行跨学科的学习，如在历史、音乐、文学方面的教学内容，都可以在该节课中给学生进行渗透和教学。这个思维导图可以很好地帮助教师进行教学，在此基础之上，还可以绘制更多的跨学科教学的思维导图。

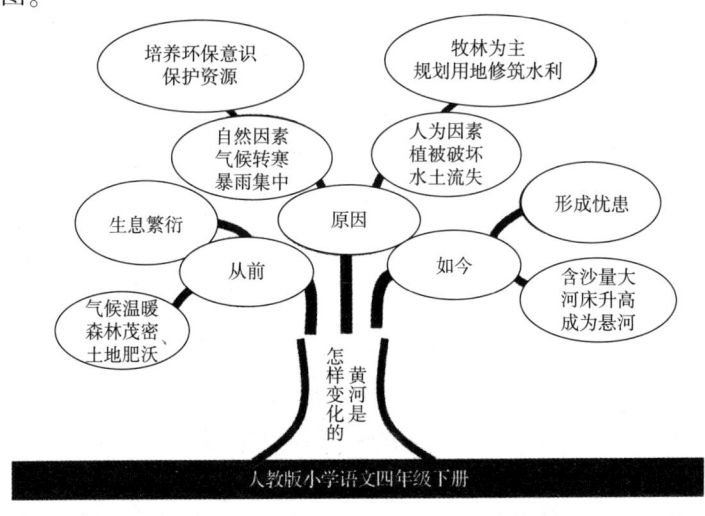

图 3-3-2 "黄河是怎样变化的"跨学科教学思维导图

第四节　信息化教学评价

教学评价是整个教学当中不可或缺的阶段，是平衡整个教与学的过程以及结果，并进行相应价值判断的过程。教学评价能够为学生提供清晰的学习目标以便确定学习方向；提供相应的反馈信息来对教学过程进行改进；对于教学现状进行诊断来指导往后的教学；激发学生的学习动机以提高学习绩效；改变思维以提高能力。随着信息技术的不断发展和新课程改革的全面展开，传统的教学评价已经不能适应当前的教育实际，在此背景下，提出了信息化教学评价。

一、信息化教学评价概述

进入 21 世纪以来，我国的高等教育得到快速发展，甚至可以说是飞速发展。为了强化高等教育质量，教育部委托各高校成立课题组，研制出一系列专业标准、课程标准、质量标准，就理论分析和实践操作而言，这些标准偏重于条件保证标准、过程保证标准，而不是理论和实践意义上的质量标准。质量标准应该是教学产出标准、学生发展标准。

（一）质量和标准与教学质量标准的跨学科学术理论界定

"质"和"量"本来是两个词，"质"就是性质、本质，"量"就是数量、量化。对于这两个词，现代汉语有时候单独使用，有时候连起来使用。现代汉语词典对"质量"的解释除了物理学等科学技术意义之外，还指事物的优劣程度，或者是事物满足需要的能力特征。具体到经济学领域，就是企业生产的产品满足人的需求的程度；借用经济学的概念，教育学领域的质量就是教育活动的结果满足社会需要和人自身需要的程度。因为教育的对象和产品是各个年龄阶段的人，所以教育质量就是实施教育活动的学校培养学生，使其知识结构、能力结构、素质结构满足社会需要和学生自身需要的程度。在学校教育中，由于教育活动主要指课程教学活动，所以教学质量是狭义的教育质量，或者说教育质量就是教学质量。

"标准"本来也是两个词，"标"就是标的、标杆，"准"就是基准、准则。标准就是事物或者事物发展的准则。生产、文化、教育都是事物，都需要准则，当准则以规范化文件形式出现时就称为标准。在现代社会，几乎所有的经济产品、行业活动、科学工作等都有成文的标准，标准的领域如机械、通信、交通、环保等；标准的种类如国家标准、行业标准、地方标准等。

教育活动作为一种行业活动，其活动目的、形式、内容、方法、评价等都有标准，有的是定性标准，如教育目的、课程目标等；有的是定量标准，如学制规定、作息时间等。但是，包括高等学校教学质量在内，教育质量标准的确定始终摇摆不定，原因在于，教育随着政治、经济、社会、科技发展而不断调整内容和形式。因此，教育质量标准也就成为一个弹性的概念，其内容也就不断地发展、变化。

（二）高等学校的教学质量标准与质量保证标准的区别

作为教育活动核心组成部分的教学活动，是以课程群组成的学科专业为基础而开展和运行的。这种活动有三个要素，即教师、学生、教学内容，参照经济学、管理学的质量概念，教学质量就是学生学习的质量，最终落实在学生的身体和心理变化方面。因此，教学质量标准也就是学生身心发展标准，是生理学和心理学标准。这里的生理学和心理学标准当然是指知识能力和身心素质标准。然而，要完成教学任务，必须以基本的教学条件和教学过程作为前提和保证，就如同企业的产品制造必须有流程操作标准一样，这些流程操作标准有时也被视为质量标准。如此推理的结论就是，教学质量有三个层次，第一个层次是教学条件质量，第二个层次是教学运行质量，第三个层次是教学结果质量。

显然，教学条件质量就是指校园面积、教室设施、教学设备、教师队伍、图书资料等的质量，而教学运行质量主要是指教学管理制度、教学课程内容、教学形式方法、教学效果评价等的质量，这些质量其实不是教学本质意义上的质量，而是教学保障意义上的质量。真正的教学质量就是教学结果质量，也就是学生知识掌握水平、能力发展水平、素质提高水平的质量。因此，现行的高等学校本科教学质量报告其实不是政策文件、学术研究、实践导向意义上的质量报告，而是学校综合发展的年度报告。要撰写本科教学质量报告，就应该是撰写包含学生身体素质、心理健康、社会能力、专业发展、生涯规划、道德品质、政治修养等身体、心理、社会能力发展等内容的报告。以此类推，教学条件标准、教学运行质量标准都不是教学质量标准，只有学生发展质量才是标准意义上的教学质量标准。

（三）高等学校教学评估与教学质量提升的逻辑关系

进入21世纪以来，教育部委托高等教育教学评估中心开展了一系列本科教学评估活动，包括第一轮的重点大学优秀评估，第二轮的所有本科院校的合格评估，第三轮的所有本科院校的审核评估，以及穿插进行的学科评估、专业评估，还有新建本科院校的合格评估，新设立硕士点、博士点的学位授予单位评估，等等。这些评估都被定义为教学工作评估，如本科教学工作合格评估等，但都没有提到教学质量评估，虽然其中也包括对学生的评价，但占的比例却很小。确切地说，这些评估都是条件评估、过程评估，而不是结果评估。虽然这种评估是以评促建、重在建设，却没有充分考虑良好的条件和严格的过程并不一定就能培养出符合学校定位的理想的学生。

因为学生的来源有差异，甚至差异巨大，将招生分数差别巨大的高校放在一个指标体系里进行评价，其结果就是过度重视办学条件和教学管理制度，忽视学生之间的起点差异。于是，2014年以来的审核评估以学生为中心、以产出为导向，拿自己的尺子量自己，主张以学校自己的办学定位、培养目标、专业定向、课程标准来评价学校的教学活动成效。这次的评估可以被称为教学质量的评估，也就是用学生发展的各项指标来印证学校的教学活动是否达成了质量标准。可是，考察教育部印发的审核评估指标体系，与当年的合格评估并无太大差异，而且在评估过程中，专家们继续沿用合格评估的思路。这就意味着审核评估也不是质量评估，还是过程评估和条件评估。这种评估仍然是质量保证制度和条件以及运行规范化的评估。

（四）《普通高校本科专业类教学质量国家标准》是质量保证标准

21世纪初，教育部印发了一系列专业和课程教学标准，这些标准都没有使用质量标准这个概念。而 2018 年发布的《普通高等学校本科专业类教学质量国家标准》则使用了质量标准这个概念,但查阅这本百万余字的标准,却与原来的专业人才培养方案没有多大区别,其实就是个培养方案,并无通过学生学习应该达到的知识掌握、能力发展、素质提升到何种水平的量化描述。也就是说,评价教学质量的标准还是课程方案中各类课程比例以及与培养目标的逻辑关系,不是真正意义上的质量标准。

当然,就质量标准的分类而言,也不能完全认为《普通高等学校本科专业类教学质量国家标准》与质量无关,因为目标质量、任务质量、课程质量、内容质量、运行质量也是质量,但只是条件质量、过程质量。笔者所强调的教学质量最终要由社会进行评价,具体而言就是指人才使用单位的评价。企业单位生产各类产品,其宣传活动更加强调产品的消费价值如何满足消费者的需要,绝不会将企业公司的人力资源,如高级工程师、博士学位员工比例以及设备如何先进等放在广告核心地位。而高校则不然,学校主流官网和学院网页主要宣传的是学科带头人级别的教授、博士,特别是获得各种荣誉称号的博士生导师、领军人才、优秀专家、教学名师、人才工程等,很少宣传优秀毕业生和在校学生的学习业绩。

(五)以学生为中心的评估评价与高校的教学评估评价的关系

网络文献显示,在西方国家的概念中,教学评估与教学评价既有区别又有联系,在汉语当中也是一样。我们习惯将对学校的、专业的、学科的、团队的审核称为评估,而将对教师的、学生的审核称为评价。无论是对学校或者团队的成就和水平的评估,还是对师生个人业绩和成绩的评价,都涉及以学生为中心的思想理念的贯彻问题。以往和当前的教学评估和评价都是以条件和过程为中心,忽视学生学业成就的评估和评价。早在 20 世纪 70 年代,以学生为中心的教学质量保证体系建设,就已成为西方国家教学评估和评价的思想理念;而在我国,直到 2014 年教育部印发本科教学审核评估文件中才出现这个概念。以学生为中心意味着教学质量评估、专业质量评估和课程质量评价、教学质量评价以培养效果和教学效果为根本,或者说以学生的学习效果、学生的身心发展、学生发展质量为核心的评估和评价指标。

当前,学术界和政策界特别是在高校教学评估和评价实践中,对以学生为中心有三种理解，有的学者和管理者将以学生为中心简单理解为：课堂教学中以学生为中心设计教学方案，开展师生互动，激发学生的学习动机和兴趣；有的学者和管理者将以学生为中心理解为：注重学生对教师的评价，认为学生是评价教师的教学效果的主体，学生的评价比同行评价更有效度；有的学者和管理者认为，以学生为中心就是将学生的学习效果、学生的学业发展成就作为教学评估和评价的核心指标，但对是否将课程考试成绩纳入指标体系，则是含糊其词。以学生为中心就是将学生作为学校的"产品"，学生是人才培养和教学活动的结果，学生的学科理论课程学习成绩、专业发展课程成绩、实践活动课程成绩都是教学质量的根本标志。可以认为，以学生为中心的评价需要借鉴中小学的教学评估。教育行政督导机关对中小学的教学评估和教师的教学评价，从来都是以学生的学业成绩作为评价的根本标准，中小学校长讨论的教学质量，主要是指学生的学业成绩，如高级中学考入高等学校的升学率，往往是评估评价高级中学及其教师教学质量的根本标准。

（六）以学生为中心的教学评估和评价需要区分两个层面

前已述及，教学评估和教学评价是两个层面，那么，高校以学生为中心的教学质量评估和评价也就涉及两个层面：首先，教育部和省级教育厅（局）以及学校内部对高校的教学评估（包括总体审核评估、专业认证评估、课程质量评估、教学发展评估等）必须将全校学生的学业发展指标作为根本指标，如有的学校对二级学院的年终考核，将毕业生就业率、学生毕业证发放率、学位授予率、学生论文发表率、学生班级的优秀党员、优秀团员、三好学生获得率，社团活动获奖率，学术、技术、艺术比赛获奖率等作为重要指标；其次，必须将学生的通识公共课程、学科基础课程、专业核心课程、专业发展课程、专业选修课程、公共选修课程学习成绩作为根本指标，将学生的身体发展、心理发展、社会发展、专业发展、思想发展、政治发展等成绩作为重要指标，如此方可体现以学生发展质量为核心的教学质量观。

同样，对教师的某一门课程的教学质量评价和某一堂课的教学质量评价，必须克服原有的以课程标准为基础的，静态的教学质量评价弊端，将学生的课程考试成绩，包括平时作业成绩、平时测验成绩、期中考试成绩、期末考试成绩，以及不及格率、及格率、优秀率的标准，以平均数加标准差的计算形式纳入教师的课程教学质量和课堂教学质量评价标准体系。然而，这项工作还需要很长的路要走，因为很多领导和教师都无法接受高等学校"以学生学习成绩论英雄"的教学评估和评价形式。现行的高校课程教学评价和课堂教学评价指标都是由教学思想与态度、教学目标与任务、教学方案与内容、教学过程与形式、教学方法与技术、学习效果与效率等指标组成的，其中公共课程教学内容部分都是按照教育部印发的公共课程标准执行的，如马克思主义理论课程标准、思想政治课程标准、大学体育课程标准、大学英语课程标准、大学计算机课程标准、大学生心理健康教育课程标准等。学科专业课程和职业技能课程则按照国家标准和学校自定的专业教学方案，特别是课程说明执行。

（七）学生学习效果评价的比较教育学分析

为了更加深入地说明学生学习效果评价、学生发展质量评价、学生发展成就评价是教学质量评价的核心组成部分，我们引用美国的本科教学质量评价思路进一步论述。赵炬明、高筱卉在《关注学习效果：建设全校统一的教学质量保障体系》一文中提到，美国的"SC"改革（以学生为中心的本科教学改革）有三个特点：以学生发展为中心、以学生学习为中心、以学习效果为中心。评估、评价问题主要涉及第三个特点——以学习效果为中心，这是整个"SC"改革的落脚点。美国的高校教学评估和教学评价体系主要包括两个方面：一是构建全校统一的教学质量保障体系（EQAS）；二是基于课堂教学的评价模式与方法创新。任何教学质量评估，其基础归根结底都是学生的学习效果评估。20世纪80年代的美国教学评估也是以条件评估、目标评估、过程评估为主；直到20世纪80年代之后，伴随本科教学改革运动和高校问责制运动，才开始关注和研究学生学习效果的评价，评估和评价才结合起来进行。

起初，人们对学生学习效果的评价内容和指标体系存在广泛的争论，有的学者甚至认为，学生的学习效果应该成为教学质量的唯一核心指标，但随着争论的深入，有的学者提出了学生评价的四大发展理论，即生理发展理论、心理发展理论、社会发展理论、职业发展理论。还有的学者提出，不能仅仅考虑学生在校期间的学业发展成就，还必须考虑学生毕业后的学业增值，包括研究与社会服务业绩。这就使得学生发展评价成为一个更加复杂的学术问题。经过长时间的探索和整合，学术界形成了比较统一的认识，就是学生发展评价、学习效果评价是教学质量评价的核心组成部分，但不是全部。必须建立全校统一的教学质量保障体系，将学生发展、学习效果评价和反馈贯串于全校宏观和微观教学过程的始终，因为学习与发展是一个心理过程，必须运用心理学的知识和技术，持续测量与评价学生的发展水平和学习效果，建立动态的教学质量监控体系。

（八）学生发展质量和质量评价要素的多学科辨析

学生发展质量其实是一个生理学、心理学、社会学、政治学问题，因为学校的基本任务是人才培养，将高级中学毕业的学生培养成大学毕业的高级就业人才，必须坚持全面发展的素质教育。全面发展就是学生的身体、心理、思想的全方位发展，具体表现为身体发展、心理发展、社会发展、专业发展、生涯发展、品德发展、思想发展、政治发展。就身体发展而言，主要是身体形态发展和生理机能发展，也就是大学生身体素质测评指标中规定的那些内容；就心理发展而言，就是感觉、知觉、记忆、思维、想象等认知的发展，快乐、痛苦、悲伤、恐惧、道德感、理智感、美感等情绪情感的发展，自觉性、自制力、果断性、坚韧性等意志的发展，以及需要、动机、兴趣、能力、气质、性格等人格和个性的发展，也就是大学生心理健康和心理素质测评指标规定的内容。社会发展、专业发展、生涯发展、品德发展、思想发展、政治发展其本质也是认知、情感、意志、人格等心理和品质的发展。社会发展包括以认知、情感、意志为基础的社会认知、社会情感、社会动机、社会行为、社会性格的形成和发展，为未来进入社会的人际互动和规范行为提供基础；专业发展包括专业课程学习的成绩，学习成绩只是外在的数据和表征，它的本质是通过大脑认知过程的知识掌握、能力形成，包括专业思想的形成和巩固、专业技能的掌握，以及专业前景的预知等；生涯发展包括以职业认知、职业情感、职业人格为基础的生涯发展规划、生涯发展预知等；品德发展包括以道德认知、道德情感、道德行为、道德人格为基础的道德品质的形成和发展；思想发展是指以国家主流思想认知和爱国情感为基础的理论思维的形成和发展；政治发展则是基于某一政治党派的思想认知、情感依恋、理想信念而形成的政治信仰的发展。

无论是基于单位团队教学质量评估，还是基于教师个体的教学质量评价，都应该把以学生身体心理发展为基础的社会发展、专业发展、生涯发展、道德发展、思想发展、政治发展作为评估和评价的指标体系。

（九）学生发展质量评价的基本内容和评估形式设计

综上所述，我们认为，无论是高等学校的专业教学质量，还是课程教学质量，都必须将学生发展质量作为评价的基本内容。在实践中我们将学生发展划分为身体发展、心理发展、社会发展、专业发展、生涯发展、品德发展、思想发展、政治发展等指标。因为高等教育学，思想政治教育学，德育学中思想、品德、政治的教育内容和教育形式存在交叉重叠，因此将其合并为思想发展指标。

身体发展的评价路径是以学生入校体检为基础，通过比较入校以来随着自然成熟、体育课程、自我锻炼、社团活动、年级变化、身体健康测评数据和身体素质测评数据的变化，以及患病请假记录和治疗记录，评价身体发展水平。身体素质逐步提升的给予高评分，逐步下降的给予低评分。

心理发展的评价路径是以学生入校心理健康测评数据和评价为基础，通过比较入校以来随着自然成熟、心理教育活动、自我调适、社团活动、年级变化、心理健康和心理素质测评数据的变化，以及心理障碍咨询和接受辅导的记录，以此评价心理发展水平。心理素质逐步提升的给予高评分，逐步下降的给予低评分。

专业发展评价的路径是，通过比较学生一、二、三年级各类课程学习成绩、获得奖学金、三好学生、优秀干部称号、各类专业技术比赛成绩、参加学术科研活动的业绩、自我阅读报告等数据和现场汇报，以此评价专业发展水平。

社会发展评价的路径是，通过比较学生各个年级、学期参加社团活动、社会实践活动，特别是师生交往、同学交往、家庭成员交往的自评报告，根据专家委员会现场提问回答的表现，给予社会发展水平评价。

生涯发展评价的路径是，通过比较学生各个年级、学期参加职业生涯规划活动、编制职业生涯规划，特别是全国各地游学体验以及校外创业的自评报告，根据专家委员会现场提问回答的表现，给予生涯发展水平评价。

思想品德发展评价的路径是，通过比较学生课程成绩和自评报告，根据专家委员会现场提问回答的表现，给予思想道德发展水平评价。评价内容包括：学习马克思主义理论课程和思想品德课程成绩、学习践行内化社会主义核心价值观的自我报告、通过网络和书刊学习思想品德案例的自我报告等内容。

政治发展评价的路径是，通过比较学生课程成绩、各类自评报告，根据专家委员会现场提问回答的表现，给予政治思想、政治品质发展水平评价。评价内容包括：参加校、院、班团委组织的各类团学活动自我报告，入党积极分子培训班和党员组织活动自我报告，参加省、厅、校、院党团组织活动获得的业绩和奖励等。

总而言之，我们认为现行的高校办学水平评估、专业认证评估、学科学位点评估，以及课程质量评价、教学水平评价，都是目标评估和评价、条件评估和评价、过程评估和评价，并不是学术和实践意义上的质量评价。学生发展综合评价是教学质量终结性评估的主要组成部分，以学生为中心、以产出为导向，就应该将目标评估评价、条件评估评价、过程评估评价与结果评估评价结合起来，将结果评估评价作为核心指标，按照学生的身体素质、心理健康、专业发展、生涯规划、社会能力、道德品质、思想修养、政治品格等指标编制评估标准体系，分专业、分班级、分学号随机抽样进行评估评价，结果分为定性评估评价和定量评估评价，最终以评估评价报告形式向学校和政府机构提交，作为学校教学质量报告的核心内容。

二、面向过程和资源的信息化教学评价

（一）面向过程的信息化教学评价

1. 面向过程的信息化教学评价的概念

学习过程和学习资源是信息化教学评价所聚焦的对象，这当中针对学习过程所进行的评价是一个针对过程所做的信息化教学评价，所以也被称

之为"过程性评价"。过程性评价指的是针对学生过程中的学习行为及其效果所进行的评价，主要包含教师在教学工作中对学生个人的学习、态度、知识和能力所进行的分析和评价，借助于评价来带动学生全面、持续、和谐地发展，使每个学生成为拥有健全人格和健康心理的人，为学生的终身可持续发展奠定基础。过程性评价在本质上是受"实践理性"支配的，它强调评价者与被评价者之间的交互作用，强调评价者对评价情境的理解，强调过程本身的价值。例如，综合实践活动课程特别强调生成性目标与生成性主题的核心地位，它强调学生与具体情境的交互作用，因此，尽管要对活动内容进行预先规划与设计，但更强调随着活动过程的展开和活动情境的需要不断生成新的目标、新的主题，体现了强烈的过程取向，其评价要重视过程价值。

运用过程性评价可以很好地展现出信息化教学所倡导的，把学生作为核心的理念，聚焦学生自主学习的整个过程，以此来带动学生全面发展，并使教学质量得到保障。实施过程性评价的难点是对于学生的学习过程如何进行监控，以及如何收集学习过程信息。因为只有对学习过程的信息采集正确无误，才能给每位学生一个客观公正的评价。

2. 面向过程的信息化教学评价的特征

（1）关注学习过程

处于学习当中的学生所使用的学习方式是不同的，学习方式的不同还会致使学习结果的不同。而以往比较传统的评价方法和评价工具，更多的是对通过表层式学习方式所获取的学习结果进行评价和测量，但对于一些深层式的学习方式所获取地学习结果不是很重视，或者是难以进行评量，进而走进评价的盲区。这是学生采用表层式或者成就式学习方式，进行学习的一个重要因素，其结果是形成一个"表层（成就）式学习方式—低层次学习结果—表层（成就）式学习方式"的恶性循环。然而，过程性评价关注的是学生学习过程中的学习方式，通过对学习方式的评价，将学生的学习方式引导到深层式的方向上来。过程性评价很好地填补了传统评价的死角，例如，过程性评价中的学生自评、互评的方法，可以使学生逐步把握正确的学习方式，树立正确的学习动机，掌握适合自己的学习策略，从而真正提高学习的质量与效果，形成"深层式学习方式——高层次学习结果——深层式学习方式"的良性互动。

(2) 重视非预期结果

学生有着多样化的学习过程,每个学生往往有着不一样的学习经历,从而得到不一样的学习结果。传统的教学评价是把评价目标限定在教育者觉得重要的、极为有限的范畴内,这种做法使得众多具有一定价值的教学目标被忽视,导致评价导向的积极作用被削弱。过程性评价则将评价运用到学生的整个学习经验领域,认为凡是有价值的学习结果都应当得到评价性的肯定,而不管这些学习结果是否在预定的目标范围内。其结果是,学生的学习积极性大大提高,学习经验的丰富性大大增强。这正是信息化教学所期待的最终目标。应当指出的是,过程性评价也会对学习的结果进行评价。与以往传统评价有所不同的是,此处的结果指的是过程当中产生的结果,它的评价标准没有提前预设,而目标是游离的和多元化的价值。例如,学生的一些非正式的学习活动,如与人谈话、浏览网络、看电视或者阅读一些教师所列书单上没有的书籍等,都可能引发新的思考,这些新思考往往成为新思想、新发现的重要来源。

(二) 面向资源的信息化教学评价

1. 面向资源的信息化教学评价的概念

学习资源指的是在特定的学习环境中,可以支持学生进行学习的所有资源,可划分为设计的资源和利用的资源。设计的资源主要是针对学习目的所设计出来的资源,比如教科书、实验室、音视频教材等;利用的资源是在现实世界中原有的可利用的资源。只要是能够作用于学习环境的一切人或事物,都可以视为学习资源,包括信息、人员、资料、设备和技术等。

面向资源的信息化教学评价,是在信息化教学对学习资源的评价,即以学习资源为评价对象,根据一定的评价目的和标准采用一切可行的教育评价技术和方法,对学习资源的设计、开发、使用及其效果进行测定,分析目标实现程度,并做出价值判断的过程。学习资源评价的意义,一方面在于改进学习资源的设计,使之更加符合教学或学习的需要;另一方面在于选择符合教学目标的学习资源,提高教学或学习的成效。

2. 面向资源的信息化教学评价的流程

（1）根据需求设计出学习资源评价的总方案

在评价学习资源之前要进行准备工作，先是要收集相关资料、调查或访谈，对于整个教学过程所关联的人员进行需求方面的评估，教师、学生、资源设计者都是其评估的对象。需求评估是为了更加确定教师在教学方面的需求和学生在学习方面的需求，为制定有针对性的、合理的学习资源评价方案提供科学依据。在需求调查的前提下，制定学习资源评价的总方案，将后续评价工作的实施进行安排部署，保证方案的具体、周密、可操作性。

（2）明确评价目的和评价对象

在制定评价的总方案后，就要对学习资源评价目的和评价对象进行进一步的明确。因为，不同的评价目的决定了不同评价内容和评价方法，不同的评价对象决定了不同的评价标准和评价指标体系。

（3）确定评价标准

在确定具体的评价目的和评价对象之后，要制定相应的评价标准和评价指标体系。制定的标准和指标体系要具有可操作性。以数字化学习资源的评价为例，给出评价指标体系，从资源内容、资源组织形式、资源支持系统和资源使用绩效四个方面进行设计。

①资源内容的评价指标。对学习资源内容的评价是从资源内在的质量进行判断，是最根本、适用性最广的评价方式。资源内容的评价指标主要包括准确性、完整性、创新性、教育性、知识性和相关性等。

准确性指的是资源内容所表现出所属的知识点或知识点自身的属性的客观程度，资源设计人员不能带着个人的主观偏好来参与学习资源的提供、传递和制作；完整性指的是学习资源内容一定要同时具备广度和深度；创新性指的是资源内容方面应具有时效性和独创性；教育性指的是资源内容技能达成既定的教育目标，又能满足教学任务的要求，能够引导学生进行学习与实践，支持学生开展自主学习和探究性学习；知识性是指资源内容是否包含丰富的学科专业性知识；相关性是指资源内容与学生需求的匹配程度。

②资源组织形式的评价指标。资源内容是通过一定的形式来组织和呈现的，以便让学生获取和使用。因此，资源组织形式的好坏在一定程度上

反映了学习资源质量的高低。资源组织形式的评价指标包括易用性、精简性、标准化、艺术性和可重用性等。

易用性指的是表达资源的方式容易理解、资源便于使用、具有清晰的导航；精简性指的是组织资源的整个过程要尽量地简单直观、便于传输和储存；标准化指的是资源本身一定要与开发和建设学习资源技术标准相吻合；艺术性是指资源应具有良好的交互界面，形象、生动、直观地展示资源；可重用性是指资源可以多次被重复使用。

③资源支持系统的评价指标。学习资源必须借助相应的资源支持系统才能完整有效地组织起来并被使用。资源支持系统有多种类型与功能。例如，学习资源库、学习资源呈现平台、电子绩效支持系统、在线学习社区平台等。资源支持系统的评价指标包括：可访问性、快速响应性、可靠性、互操作性等。

可访问性指的是学生可以以简单、快捷的方式进行检索并快速获取所需的资源；快速响应性指的是系统具有敏捷的反应，可以很好地满足学生的要求，并通过最快的速度提供资源内容和相应的服务；可靠性是指系统在学生要求的时间内处于有效状态，并且系统有防御网络攻击的能力；互操作性是指两个不同的资源支持系统能够互联并共享信息。

④资源使用绩效的评价指标。资源使用绩效是从学生角度出发评价学习资源的质量。使用绩效不仅可以衡量在资源使用过程中产生的教学效果及社会效益，还能直接反映资源内容与学生期望之间的差距。资源使用绩效的评价指标主要包括适量性、利用率和价值增值性等。

适量性指的是学习资源总体的规模和数量应当是适量的，可以有效地避免信息的冗杂和资源的重复；利用率指的是系统流量、浏览时间、点击率、学生登录次数、下载量等用于进行统计的指标；价值增值性是指学习资源给学生带来的教学效果和社会效益的总和。

(4) 确定搜集的信息及渠道

在制定详细具体的评价指标后，就要根据评价指标搜集能够支持评价的相关信息或内容。例如，对学习资源的易用性指标进行评测时，要明确需要搜集哪些信息来证明学习资源的易用性，如查看资源表达方法是否易于理解、资源使用是否方便、导航是否清晰等，并将其逐一列出。除此以外，在搜集相关信息的时候，需要采用不同的方式或渠道，采集方式主要包括观察法、测验法、问卷调查法、访谈法、抽样调查法等。要确保搜集而来的信息和采用的搜集信息的渠道可以全面、准确地展现评价指标。

（5）选用科学方法和工具实施评价

在确定信息搜集的内容和渠道后，开始实施评价。评价时要选择科学的评价方法和评价工具，即要围绕学习效果这一中心，结合各评价方法和工具的优缺点，综合使用评价量规，不唯标准论，但也不脱离标准。

（6）处理评价数据并得出结论

在评价过程的最后时期，要整理和分析前期通过搜集、调查和测量所获取的数据，对形成的评价的等级进行综合判断，对问题进行诊断并提出相应的建议。首先，要对获取的评价书籍加以认真检查，并依照评价标准，采用筛选、归类、建档的方式进行整理；其次，要对信息进行赋值或描述，即以评价指标为尺度，根据整理后的评价数据，对学习资源达到各评价指标的标准进行赋值或做出文字描述；最后，评价者要把评价的有关情况和结论形成书面报告，报告以简明扼要为宜，并将具体资料作为附件。

第五节　信息化教学应用

2020年春，教育部提出"停课不停教、停课不停学"的工作方针后，在线教育成为高校开展教学活动的主要方式。在线教育是师生基于互联网平台发生的时空分离、教学分离的教育方式，在这种分离式的教学活动中，如何像传统线下教育那样进行教学互动，保证良好的教学效果，成为一线教师的头等大事。

作为在线教育的实践者，教师扮演着关键角色，教师使用互联网技术开展信息化在线教学实践在疫情后期也将会继续进行。因而在线教学研究具有现实意义和潜在的价值。

一、高校教师信息化教学行为意向影响因素研究

本研究从认知、情感维度探究影响我国高校教师在线教学行为意向的

因素。

在认知方面，教师的技术知识、整合技术的教学法知识以及整合技术的学科教学知识对教师在线教学行为意向有显著影响。"行为意向是行为最核心的预测变量，反映了个体执行特定行为的倾向，是任何行为表现的必然过程，且决定个体执行特定行为的努力程度"。从认知视角出发，关注教师具备的整合技术的学科教学知识（Technological Pedagogical Content Knowledge，TPACK）对高校教师在线教学行为意向的影响具有重要意义。米什拉和科勒在舒尔曼的教学法——学科内容知识基础上提出的TPACK框架，强调技术在教师知识结构中的重要地位，认为教师将技术整合到课堂而进行有效教学的必备知识包括：技术知识（TK）、教学法知识（PK）、学科内容知识（CK）三类基础性知识，及其交叉融合形成的学科教学知识（PCK）、整合技术的学科内容知识（TCK）、整合技术的教学法知识（TPK）和整合技术的学科教学知识（TPCK）四类复合性知识。自2010年TPACK被引入我国以来，TPACK理论已广泛应用于评价教师技术整合教学的知识水平。以其为理论指导，将探究影响教师TPACK发展的因素，以及中文学科教师TPACK现状。国内目前还没有研究关注教师TPACK知识对高校教师在线教学行为意向的影响。

在情感方面，高校教师对技术教学应用的感知有用性、行为态度及自我效能感变量对教师的在线教学行为意向有显著影响。在国外的相关研究中，戴维斯等人曾提出过信念—态度—意向—行为之间的关系，用来说明教师对技术的接受程度，认为个体对技术的使用行为意向受使用态度及个体对技术的感知易用性和感知有用性的直接或间接影响，且感知易用性影响感知有用性，它们共同影响教师对技术的使用态度。阿杰恩则提出了计划行为理论（Theory of Planned Behavior，TPB）认为，除技术使用行为态度外，主观规范和感知行为控制也是行为意向的预测变量。泰勒和托德认为，技术接受模型忽视了行为态度以外的因素对个体行为意向的影响，提出了解构计划行为理论模型（Decomposed Theory of Planned Behavior，DT-PB），该模型保留了计划行为理论模型的三个核心概念，并将它们分解为更详细的维度。把行为态度分解为感知有用性、感知易用性与兼容性维度，将主观规范分解为同行影响和上级影响维度，将感知行为控制分解为自我效能感、资源促进条件与技术促进条件维度。解构计划行为理论模型可以提高预测个体行为意向的能力。

二、高校教师在线教学行为意向建议与策略

在线教学活动正式开始前，教师可提前进入直播课堂，与学生进行聊天互动，询问学生近期生活、学习状态，以及家中趣事等，在了解学生近期状态的同时，还能拉近与学生的距离，帮助学生更快地进入课堂情境。如教师使用直播平台时，提前上线并主动打开摄像头，能够让学生感受到线下教学的情境。

目前大多数在线教育平台都自带一些互动功能，教师要熟悉所用平台的互动功能，如屏幕共享、举手、分组、点名等，这在督促学生保持专注的同时还能进一步加强教学互动，调动课堂气氛，有助于教师进行教学互动，提升教学效率。

教师可根据教学内容，组织以讨论为主要教学方式的在线课堂，学生围绕主题充分表达自己的观点，这既能调动学生的学习动力、增进课堂互动，又能培养学生的批判思维。教师组织课堂讨论时一定要提前确定选题，把控课堂进度，鼓励学生打开摄像头大胆表现自己，同时也能培养学生的表达能力。

教师根据教学内容，利用平台插件或功能设计课堂投票，投票内容可以是与教学内容有关的知识点，帮助教师及时了解学生的知识掌握情况，也可以询问学生的喜好、想法、观点等，在了解学生现实需求的基础上还能进一步激发学生的参与性，增进师生互动。目前大多数在线教育平台都带有投票功能，希望一线教师能会用、用好投票功能，这样，一定会让线上教学呈现不一样的精彩。

教师根据教学进度和教学内容，设计课堂问答题目，请学生主动发言或随机邀请，在督促学生保持学习注意力的同时还能有效促进师生互动，帮助教师及时了解学生的学习状态和知识点掌握情况。现在大多数在线教育平台具有点名、连麦等功能，教师可以常用这些功能，不仅能增进课堂互动，还能使学生有线下学习的体验。

教师提前针对本节课的知识点制作简单的题库，以选择题和判断题为主。根据教学进度面向全班同学发放题库，要求学生在互动专区中给出答

案，这不仅有助于促进课堂教学中的师生互动，还能及时了解学生的知识掌握情况，巩固学生所学知识点，提升学生的学习效果。

教师根据教学内容与教学进度可以设计两种方式的课堂游戏，一类是与教学内容有关的课堂游戏，如角色扮演，要求学生扮演故事中主人公，模仿其说话、动作、表情等；另一类是在完成教学任务之余，组织大家进行适当的线上课堂游戏，如成语接龙、你画我猜等，增加课堂乐趣，促进课堂互动。课堂游戏是调动课堂氛围的利器，但是对教师的组织能力具有较高要求，教师可以借助课堂游戏增进学生之间互动，激发学生的学习兴趣。

教师在课堂教学过程中为各小组布置学习任务，各小组完成任务后进行展示汇报，教师再利用教学平台或聊天对话框组织学生进行同伴互评，给出分数和评语，增进生生互动。教师利用同伴互评不仅可以增进学生之间互动，督促他们互相点评作业，还能及时了解学生的知识掌握情况，从而为有需要的学生提供个性化的指导。教师在课后可以主动在直播间停留10分钟，为有问题的学生提供课后相应的指导与反馈，在帮助学生解决疑难问题的同时，也建立良好的师生关系，促进课堂交互的发生。

三、数字化时代的高校在线教学范式转型

高校在线教学能够营造一个让学生从文本思维转向视觉思维的学习环境，有效利用数字时代的工具。然而，我们的教育尚处于基于文本的范式之中，这些范式限制了我们使用和教授视觉与多维问题解决技巧的能力。在当前的教育中，以视觉方式讲述故事，往往是采用 PowerPoint 及其衍生产品等，因为它们是过于简单化了线性的、文本的叙述方式。虽然文本是把文明带到今天的重要工具，然而，我们必须认识到它给我们的思维带来的局限性。它是一种一维介质。文本叙述意味着要有一个开始、中间和结束。而我们今天的问题有多个维度，可能根本不存在一个单纯地叙述途径。我们批判性思维缺失的根源很大程度上正由于基于文本的感知障碍。我们不能有效地接受不同的观点是因为它们不符合我们被训练出来的线性叙述。而非线性思维通常留给了艺术。马歇尔·麦克鲁汉在其《古登堡星汉璀璨：印刷文明的诞生》一书中指出："严肃的艺术家是唯一一个能够

不受伤害地接触技术的人，因为他是一个以感知方式了解变化的专家。"我们生活在一个由技术主导的世界，现在我们也需要开始像艺术家一样来接近它。数字革命为我们提供了一套前所未有的数据获取、存储和分析工具，但由于我们仍极度依赖文本范式，我们始终未能有效地利用这些工具。文本思维限制了我们在各种范式中冲浪的能力，因为范式意味着多组相互关联的叙述，而不是一个单一、连贯的叙述。我们正处于一系列的范式转变之中，从我们对全球生态的认识，到接受教育的意义以及民主的基础。过于依赖基于文本的线性思维则限制了我们创新变革的能力。我们一直在用一种文本范式的方法来教育他们，这种范式在学术界之外越来越不能很好地发挥作用，他们无法在复杂的层面上操作媒体，这使得他们容易受到媒体操纵。如果学生们不具备视觉思维能力，他们将永远无法掌握数字文化，或任何其他未来的文化。我们今天所信奉的大多数教育理论，很多扎根于印刷时代的书面文化。书写曾是我们展开思想的基本工具，利用书写我们可以打开心灵的窗户，进行批判性的分析。思维学会了按精神的顺序把握住思想；这便培育了线性的思维过程。然而，今天我们大量接触的非线性、超链接的多媒体信息，已然打破了印刷文本所要求的线性序列的思维方式。黑白静态的、符号性的、剥夺感官的知识世界，也已开始让位于多感官的表象模式。经常在遍布超链接的数字信息丛林中搜索，也改变了逻辑对直觉的关系，这种跳跃被一些专家比喻为像科学幻想小说中太空飞船超过光速的运动一样，是一种穿越超空间的跳跃。我们还有可能退回到以书面文化为核心的传统教育环境吗？显然不！经历了由感官主导的对整体、形象的认知，到抽象的书面文字支持下的逻辑、分析思维，再到今天以数字技术支撑下的多媒体融合表达，人类再次回到结构与外形统一的模拟世界，而对传统教育理论的反思，并不是否定传统的教育理论。因为任何理论都不是普适所有环境、条件的，传统教育理论适用于节奏相对缓慢的农耕时代和机械化时代，正如牛顿力学之于经典物理世界；爱因斯坦的相对论之于物体以光速运动的宇宙，量子力学之于微观世界。传统教育理论在努力定义、分析和解释当下发生的事情时，不断陷入困境，不是它本身错了，而是因为它所赖以生效的环境基础正在崩解。我们已进入人人互联、万物互联，信息以光速传播和交换、以多媒体形式模拟呈现的时代。

高校在线教育从全局和战略高度出发，以立德树人作为教育的根本任务，切实深入贯彻落实高校在线教学中的立德树人工作，以习近平总书记关于教育的重要论述为根本遵循，探究新时代高校在线教学的科学内涵与现实要求。明确社会主义教育事业的根本使命。

第四章 多媒体课件的设计与开发

伴随着现代教育技术的不断发展，多媒体课件在信息化教学过程中变得更加重要，同时它也是实现信息技术与课程相融合的基础所在。本章主要通过多媒体开发基础、多媒体课件的设计艺术、多媒体课件的开发这三个方面全面解析多媒体课件的设计与开发。

第一节 多媒体开发基础

一、多媒体技术基础

（一）多媒体概述

"多媒体"一词译自英文"Multimedia"，而该词又是由 mutiple 和 media 复合而成的。媒体（medium）原有两重含义：

一是指存储信息的实体，如磁盘、光盘、磁带、半导体存储器等，多指硬件方面，如我国目前学校的教室多为多媒体教室当中的媒体。

二是指信息的传递方式，如文字、声音、图形、动画、视频等，多指软件方面，如我们的多媒体课件当中对各种媒体的处理。

多媒体（multimedia）指的是可以针对两个以上具有不同类型的信息媒体进行获取、处理、编辑、存储和显示的技术，它融合了多种媒体，并借助计算机对这个有机体加以综合处理和控制，进而完成各种的交互操作。

多媒体从不同角度有不同描述，是多种信息媒体的表现和传播形式。

多媒体技术是用计算机集成处理多种媒体信息，并对它们进行获取、压缩编码、编辑、加工、存储和显示，使多种信息建立逻辑连接，具有交互性。

1. 多媒体技术特性

（1）信息媒体的多样性。视、听、触觉；输入/输出多样化。
（2）实时性。实时控制声音及视频图像，与时间密切相关。
（3）交互性。媒体处理实时操作，系统实时响应。
（4）集成性。包括媒体的同步与设备的集成。
（5）高质性。数字信号质量好。
（6）非线性。超文本链接的方式，充分发挥读者的主动性。

多媒体与传统媒体相比，主要区别在于：传统媒体基本上是模拟信号，而多媒体所处理的信息都是数字化信号；传统媒体只能让人们被动地接受信息，而多媒体则提供一个友好交互界面，让人们在接受信息时进行主动交互[①]。

2. 多媒体类型

有感觉媒体（perception medium）、表示媒体（representation medium）、显示（表现）媒体（presentation medium）、存储媒体（storage medium）、传输媒体（transmission medium）。

3. 多媒体系统的分类

按功能分有：开发系统，包括音、视频制作系统；培训系统；演示系统；家庭系统；家庭影院。按应用分有：信息咨询系统；管理系统：档案、超市管理等；辅助教学系统；通信系统：视频会议；娱乐系统。

4. 多媒体系统结构

如图4-1-1所示。

[①] 万华明，胡小强. 多媒体技术基础［M］. 北京：中央广播电视大学出版社，2005.（参考文献第1页）

第四章 多媒体课件的设计与开发

```
        ┌──────────────┐
        │  多媒体应用系  │
       ┌┴──────────────┴┐
       │   多媒体创作系   │
     ┌─┴──────────────────┴─┐
     │    多媒体核心系统     │
   ┌─┴──────────────────────┴─┐
   │   多媒体I/O控制及接口     │
 ┌─┴──────────────────────────┴─┐
 │       多媒体硬件系统          │
┌┴──────────────────────────────┴┐
│         计算机硬件系统          │
└────────────────────────────────┘
```

图 4-1-1　多媒体系统结构图

（二）多媒体素材的计算机表示

多媒体素材有文本、声音、图像、动画、视频等。

1. 文本的基本格式

包括非格式化与格式化两种，常见格式有 DOC、TXT、WPS。

2. 声音文件的基本格式

目前的声音主要有两类音频文件格式：

（1）无损格式，如 WAV、PCM、TTA、FLAC、AU、APE、TAK。无损格式文件较大、音质优秀，多用于 CD 刻录或家庭音乐欣赏等。

（2）有损格式，如 MP3、WMA、MIDI、RM。有损格式文件较小、音质较好，多用于网上传输或多媒体课件制作等。

3. 图形图像格式

有图像（位图）与图形（矢量图）之别。常用文件格式：JPG、BMP、TIF、GIF、PSD。

4. 动画文件格式

计算机动画有两种类型：帧动画、造型动画。常用文件格式：GIF、FLA、SWF。

5. 视频文件格式

视频由许多单独画面以一定的速率播放而形成。常用文件格式：AVI、

113

MPG、MOV、RMVB。

二、多媒体素材的采集与制作

（一）文字素材的采集与制作

文字是课件中最基本的素材，其制作也比较容易，既可用多媒体创作软件本身的文字处理功能进行编辑，也可以用各种专用的文字处理软件（如 Word、Wps 等）编辑复杂的文档。文字素材的获取可以通过键盘输入，这种方法最为简单，但时间花费也最多。随着网络技术越来越发达，很多文字素材都可以从网上获取，但网页获取也通常碰到不能复制的情况，这时候我们可以用多种办法采集文字。

1. 文字的采集

（1）打开网页，点击"文件"菜单里的"另存为"，把想要的网页内容下载下来，记住保存路径。下载后用 Word 打开，一般情况下只要能打开看到，就可以进行复制、排版了，如图 4-1-2 所示。

图 4-1-2　保存网页以获取文字

（2）如果第一种方法无法保存，则可以尝试点击 IE 的文件菜单，里面有一项"用 Excel（Word）分析"，用 Excel 打开后直接复制就可以，如图 4-1-3 所示。

图 4-1-3　使用 Excel 编辑以获取文字

（3）如果前面两种方法都无法解决，那么下面这种方法在大部分情况下可以解决无法复制的问题。只要点击 IE 的"工具"→"Internet 选项"菜单，进入"安全"标签页，选择"自定义级别"，将所有脚本全部禁用，然后按 F5 键刷新网页，这时你就会发现那些无法选取的文字可以选取了。在采集到了自己需要的内容后，一定要给脚本"解禁"，否则会影响到我们浏览网页，如图 4-1-4 所示。

图 4-1-4　禁用脚本以获取文字

（4）还有一种通过软件也可以获取网面上无法保存的文字，如网页文字采集器等软件，使用起来十分简单，只需将鼠标到网页上拖动即可，如

115

高等教育中现代教育技术的应用研究与改革

图 4-1-5 所示。

图 4-1-5　通过软件以获取文字

2. 文字的字体

字体指字的形状风格，如：

（1）汉字的形状风格，如图 4-1-6 所示。

宋体、楷体、**黑体**、仿宋
行楷、隶书、新魏、幼圆

图 4-1-6　汉字的形状风格

（2）英文的形状风格，如图 4-1-7 所示。

Times New Roman，Arial Narrow，Courier New

图 4-1-7　英文的形状风格

在制作课件或制作相关教学材料时，为了突出重点或让文字更形象，我们可以从网上下载很多不同的字体，但必须注意一点，下载后的字体必须放在 C：\ windows \ fonts 下面方可使用。

（二）图片素材的采集与制作

图片文字等素材用 SnagIt 来采集，SnagIt 是一款共享软件，它可以捕

116

获图片、文字、视频，而且还可以给图片添加标注，对图片进行简单的特效处理，是同类软件中的佼佼者。使用需要先安装 SnagIt 11，安装过程很简单，除了第二步要选择"Accept"，其余都是单击"Next"，然后再安装汉化补丁，安装完成后，如图 4-1-8 所示。

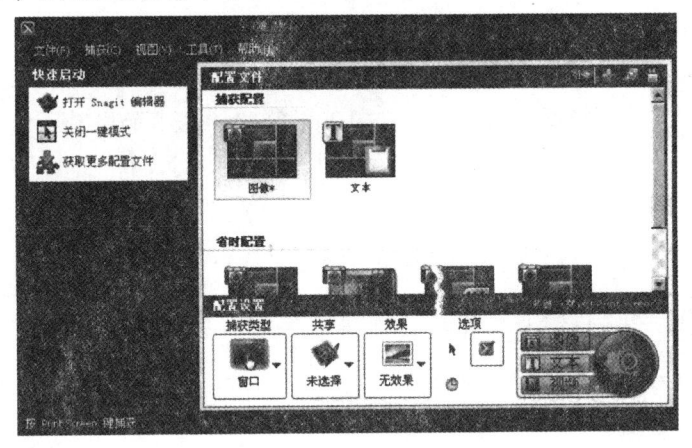

图 4-1-8　SnagIt 界面

跟老牌的 Hyper Snap—DX 捕获软件相比，SnagIt 更容易上手，捕获操作也更加简化。

先让我们看看 SnagIt 的"捕获类型"吧，这是捕获开始的第一步，其主要作用就是先预设好接下来要捕获的对象（图像文字视频和网络）的区域。

几个基本的捕获类型，可以分为区域、窗口、滚动、全屏等几种捕获类型。

（三）音频素材的采集与制作

在制作课件的过程当中，经常需要一些音频素材，现在较常见的音频类素材主要有 Wav、Mp3、WMA 三种格式。下面主要介绍利用 Cool Edit Pro 来获取所需的音频素材。对应的录音设备选择好后，就可以打开录音软件进行声音源的录制了。需要注意的是，在录音前，要设置好录音的音量（电平控制），用鼠标上下拖动音量滑钮至合适位置，避免出现录出来的声音因过大或过小而出现失真的情况。另外，不是十分必要的情况下，在录制过程中，尽量不要调整录音音量。

Cool Edit Pro 是一个集录音、混音、编辑于一体的多轨数字音频编辑软件。这里以 2.0 版本为例介绍一下在一般制作编辑音频时经常用到的功能及使用方法。

首先安装录音软件，运行 Cool Edit Pro2.0 安装文件 cep_ v2.0setup。

选择同意并单击继续进入下一步，选择 Next，为 Cool Edit Pro2.0 选择一个安装位置，单击浏览可以安装目录的选择，选择完成后单击下一步，等待完成后，选择退出即可。为 Cool Edit Pro2.0 安装破解补丁，运行文件 cep2reg.exe，安装 Cool Edit Pro2.0 汉化补丁，运行文件 Cool2chinese.exe，等待完成后退出。Cool Edit Pro2.0 的所有安装过程就全结束了。

录音可以分为两种：录制麦克风中的声音和电脑内部录音。

（四）视频素材的采集与制作

在制作多媒体课件过程当中，我们也经常导入视频文件，在互联网越来越发达的今天，网上的视频极其丰富，特别有些专门的视频网站如优酷、腾迅、酷六等，因此，在制作多媒体课件的过程当中，视频资料也比较容易从网上获取，但网上的视频格式多为 FLV 等格式，而我们做课件的软件如 PowerPoint、Authorware 等并不支持此格式，因此，我们必须掌握常见的视频格式及常用的转换软件。

1. 常见视频格式

（1）AVI 格式：它的英文全称为 Audio Video Interleaved，即音频视频交错格式。它于 1992 年被 Microsoft 公司推出，随 Windows3.1 一起被人们所认识和熟知。所谓"音频视频交错"，就是可以将视频和音频交织在一起进行同步播放。这种视频格式的优点是图像质量好，可以跨多个平台使用；其缺点是体积过于庞大，而且更加糟糕的是压缩标准不统一，最常见的现象就是高版本 Windows 媒体播放器播放不了采用早期编码编辑的 AVI 格式视频，而版本较低的 Windows 媒体播放器无法对一些使用最新编码编辑的 AVI 格式的视频进行播放，因此我们在播放一部分 AVI 视频时就容易出现因为视频编码的问题导致视频无法播放，或者即便是可以播放，但调节不了播放进度或是播放的时候仅有声音没有图像等各种问题，若用户播放 AVI 格式视频时遇到这些问题时，可尝试下载专用的解码器来解决。

（2）MPEG 格式：它的英文全称为 Moving Picture Expert Group，即运

动图像专家组格式，家里常看的 VCD、SVCD、DVD 就是这种格式。MPEG 文件格式是运动图像压缩算法的国际标准，它采用了有损压缩方法减少运动图像中的冗余信息，也就是说，MPEG 的压缩方法依据的是相邻两幅画面绝大多数是相同的，把后续图像中和前面图像有冗余的部分去除，从而达到压缩的目的（其最大压缩比可达到 200∶1）。目前 MPEG 格式有三个压缩标准，分别是 MPEG-1、MPEG-2 和 MPEG-4，另外，MPEG-21 仍处在研发阶段。

（3）RMVB 格式：此为 Real Networks 公司所制作的通过对 RM 视频格式进行升级后所拓展出的全新视频格式。RMVB 视频格式之所以被称为先进的格式，是因为它打破了之前 RM 格式所使用的平均压缩采用的方式，在确保平均压缩比的基础上对比特率资源进行合理使用，这意味着一些静止和动作较少的画面场景会使用较低的编码速率，这样可以留出更多的带宽空间，而这些带宽会在出现快速运动的画面场景时被利用。这样在保证了静止画面质量的前提下，大幅地提高了运动图像的画面质量，从而使图像质量和文件大小之间就达到了微妙的平衡。另外，相对于 DVDrip 格式，RMVB 视频也是有着较明显的优势，一部大小为 700MB 左右的 DVD 影片，如果将其转录成同样视听品质的 RMVB 格式，其大小最多也就 400MB 左右。不仅如此，这种视频格式还具有内置字幕和无须外挂插件支持等优点。要想播放这种视频格式，可以使用 Real One Player2.0 或 Real Player8.0 加 Real Video9.0 以上版本的解码器形式进行播放。

（4）3GP 格式：这是一种基于 3G 流媒体的视频编码格式，主要是为了与 3G 网络高传输速度进行配搭而开发出来的，也是当前手机里面极为常见的一种视频格式。简而言之，该格式是由"第三代合作伙伴项目"（3GPP）所设定的一种多媒体标准，使用户能使用手机享受高质量的视频、音频等多媒体内容。其核心由包括高级音频编码（AAC）、自适应多速率（AMR）和 MPEG-4 以及 H.263 视频编码解码器等组成，目前大部分支持视频拍摄的手机都支持 3GPP 格式的视频播放。

（5）FLV 格式：FLV 源自于 FLASH VODEO 的简称，FLV 流媒体格式属于一种较为新颖的视频格式。因为它所产生的文件特别小、加载速度极快，促使通过网络来观看视频成为可能，它的出现使得视频文件导入 Flash 得到有效解决，使导出的 SWF 文件体积庞大，不能在网络上很好地使用等缺点得到解决。

(6) MP4格式：MP4也是受欢迎格式之一，但MP4体积相对3GP较大，分辨率相对高一些。MP4适合所有手机，特别是带存储卡的手机，其优点是：图像清晰，文件大小适中。它们可以通过USB或1394端口传输文件，很方便地将视频文件下载到设备中进行播放，而且应当自带LCD屏幕，以满足随时播放视频的需要。

2. 常见视频格式转换软件：格式工厂

格式工厂属于一个有着众多功能的万能多媒体视频格式转换器，可以支持绝大多数的多媒体格式以及各种常用格式。格式工厂使用起来还是很便捷的，这里就通过把FLV格式转为AVI格式为例，来对格式工厂的使用做简单说明。

先安装，其安装界面如图4-1-9所示。

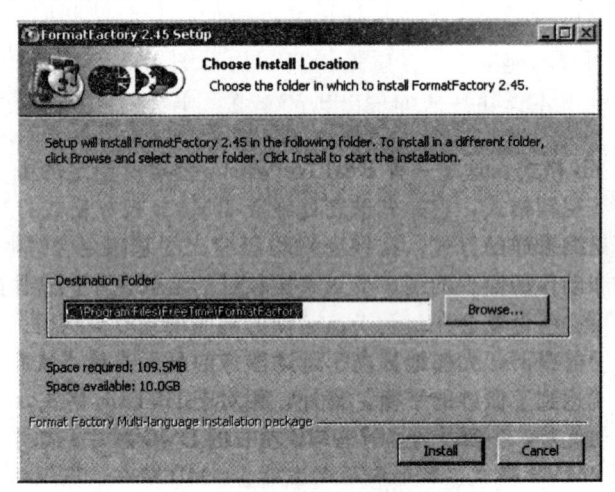

图4-1-9　格式工厂安装界面

(五) 动画素材的采集与制作

在制作多媒体课件过程当中，教师也经常制作相关的动画，而制作动画的软件最常见的莫过于Flash了。但是想掌握Flash并不是一件容易的事，在这里给大家介绍一款制作动画的小软件，特别是制作片头文字动画，尤为方便。

下载软件安装包后,进行安装,如图 4-1-10 所示。

图 4-1-10　安装 swish max4

第二节　多媒体课件的设计艺术

一、多媒体课件概述

伴随计算机技术的快速发展和应用范围的扩大,使用计算机已成为信息时代人们日常学习、工作的重要组成部分。而使用计算机的人员已经由最开始的专业技术人员逐步拓展至国内各个行业的非专业人士;Windows 的问世,使得以往计算机仅能通过单一的字符育人进行交流的场景得到了改变,操作计算机不再让用户感到困难。让计算机与人类进行符合人类习惯的自然交流,极大地提高计算机的应用效果,使计算机更好地为人类服务。多媒体计算机技术的出现,正是人们向这一方向努力的结果。

多媒体技术的含义和范围极其广泛,并且会由于技术的发展而更加丰富。一般认为,多媒体计算技术就是用计算机交互地综合处理文本、图形、图像、动画、音频及视频影像等多种信息,并使这些信息建立逻辑连接。它的英文原语是 Multimedia。多媒体技术使计算机能以人类习惯的方式与人类交换信息,它将赋予计算机新的含义。用户可尝试使用键盘、鼠标、操作杆或触摸屏,甚至是语音的方式与计算机进行通信,同时计算机还能够凭借多种形式的多媒体信息来完成输入或输出。随着 Internet 的发展，网络引导人们以便捷的方式走进一个浩瀚无边的信息世界。当前，具备多媒体技术的计算机已经走进众多普通家庭。

课件（也称教学软件），是计算机辅助教学系统中重要的应用软件，它包含教与学过程中的各种信息，具有明确的教学目标、相应的教学方法及对教学过程控制的策略。同时广泛采用了动画、影像、音响等多媒体形式，使用方便、效果好。

多媒体课件指的是使用多媒体计算机和相关的教学、学习软件，协助教师或学习者开展教学、学习功能的活动，进而达到形、声并茂，使得学习者的兴趣和学习效果得以提高。在此种教学模式当中，计算机主要是涌现教学目标、教学内容、对学生的学习情况进行记录和掌控学习进度等。就整个教、学过程来看，多媒体课件只是在某些教、学环节上程度不同地发挥作用，并不能完全取代教师在教学过程中的重要作用，因而只是一种辅助系统。

（一）多媒体课件的基本教学过程与特点

1. 多媒体课件的基本教学过程

多媒体课件使用的教学媒体是计算机，再加上相应的教学课件，进而完成教学当中对教学信息所进行的传递和处理。因为计算机受到程序的控制，能够由输出设备来为人们现实各样的信息，透过输入设备来对使用者输入的信息进行接收，并对其进行一定的判断处理。因此把具有教学功能的软件配置到计算机上之后，计算机就能像教师那样，与学生构成人——机教学系统。该人——机系统应能像传统的教师—学生系统一样，具有灵活的组织形式，根据目前的计算机技术及应用水平，对于个别辅导式教学课件，普遍认为是如图 4-2-1 所示的一种典型模式。学生坐在终端前与计算机"会话"，计算机通过监视器屏幕来呈现信息（文字、图形和动画等），有时辅之以声音输出。学生通过键盘、鼠标或手触式屏幕，输入回答。

(1) 选择课题

学生根据自己的兴趣或教师的安排,从计算机中的课件中选定一个课题,计算机立即将该课的程序调入内存运行,并在显示器屏幕上显示课题内容。

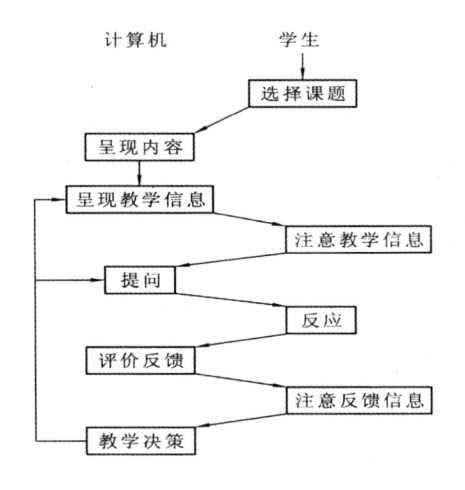

图 4-2-1 人—机教学系统

(2) 呈现信息

计算机呈现一小段教学信息,可以用文字、图形及声音等形式表现。

(3) 注意教学信息

学生集中注意力,理解和记住显示器呈现出的教学信息。

(4) 提问

计算机向学生提一些与刚才呈现的教学信息有关的问题,要求学生立即回答。在课件中提问是十分重要的,它是为了测试学生对刚才所呈现内容的理解程度,对计算机随后的教学决策有重要的影响,问题的形式是多种多样的。

(5) 反应

学生通过思考和判断,对计算机的提问做出反应,通常在键盘上或用鼠标器输入他们的回答。

(6) 评价与反馈

计算机接受学生的反应,判定其正确程度,并提供适当的反馈信息。该信息通常包括:关于问题结果的知识、对学生的表扬和勉励、对错误原因的分析以及对进一步学习的建议等。

（7）注意反馈信息

学生对自己刚才反应的结果十分关心，计算机提供的结果知识帮助学生确认结果，明白为什么正确、为什么错误以及出错原因等。此时，学生要根据计算机的提示信息进入下一步学习。

（8）作教学决策

计算机根据对学生反应的判断和某种教学策略，来决定下一步的教学行为，一般有下列选择：

①继续：呈现新的教学信息。

②复习：呈现同样或类似的教学信息。

③补习：提供与刚才内容有关的更详细的说明材料信息。

④提示：提供启发信息，然后呈现刚才呈现的或类似的问题，让学生作出反应。

⑤测验：提供一个小测验，检查是否达到目标，通常在一课结束后进行。

有些情况下也允许学生参与教学决策，学生有选择上述选项的主动权。

2. 多媒体课件的主要特点

（1）多媒体课件的优越性

①可存储丰富的教学信息，而且能快速地进行处理、检索和提取，极大地扩充和方便教师与学生对学习资源的利用。

②多媒体课件具有交互性。可以有效激发学生的学习动机，保持学习的积极性。

③与教师所采用的教学模式进行比较，计算机可根据学生个人学习程度的不同为其提供符合其特点，开展因材施教的个性化的学习方式。如学生能够对学习速度进行控制，选择与个人能力相匹配的学习内容，思考问题所需的时间完全不受限定。

④与教师进行比较，计算机可看作是一个完全客观的缺乏感情的教师。所以在面对学生时可以更有耐心，减轻学生的学习压力，激发他们学习动力。

⑤与所有教学媒体包括最优秀的教师相比，多媒体教学系统的即时反

馈具有绝对的优势。

（2）多媒体课件的不足

①比其他的教学媒体成本高。

②由于课件是事先编好的固定程序，不可能具备像教师那样的灵活性，因而限制了学生的意外学习，对培养创造性不利，对编程时事先未预料的问题不能准确处理。

因此，在采用课件时，一定要依照具体的教学目标和教学内容来彰显多媒体教学系统在教学方面的优点，尽可能避免对多媒体课件的不当使用。对开发课件系统的设计者来说，就要依照教学规律来设计课件的过程，来弥补它的不足。

（二）学习理论在课件中的体现

1. 教学与学习内在过程一致

教学过程要与学生的内在学习过程保持一致，带动学生学习。程度教学法与操作性条件反射保持一致，教导教学与信息加工过程保持一致；发现法学习、生成学习等与主动建构知识的过程保持一致。

2. 个别化

个别化也是上述学习理论中共同的要求。行为主义强调教学要从学习者的起点行为开始，学习步调的大小和学习的速度要根据学习者的能力来决定。认知理论的信息加工论则强调学习包含新信息与先前经验的相互作用。建构主义更是强调学习者的个人经验在建构中的作用。课件必须适应个别学习者，要尽量顾及学习者的特征，如兴趣、阅读、速度、先前经验和知识以及学习方式等。课件可依据学习者的具体特征进行调节的方面主要包括：课的内容、进度、有无起到强化作用的音乐、练习的具体数量、反馈的量和性质、特定时间内画面上所显示的信息的量以及教学当中选择的例子等。采用个别化在可以下几个方面对学生的学习提供帮助：一是增加学生的兴趣；二是激发之前的相关经验，进而在概念方面成为新信息的支点；三是把规则与一整套具有意义、整合后的观念连接在一起。

3. 交互性

交互性是课件的显著特征。一个课件中的教学与学生个人无关的情况是难以想象的。教学绝不能将学生的支持、合作和热情排除在外。与学生个人无关的课程犹如生产流水线,是不能有效地让学习者参与学习的。交互性能可以在以下几方面促进学习。

(1) 确保信息的接受,确保课程的关键受到注意。
(2) 鼓励反应,以加强认知联系和对反应的回忆。
(3) 允许对不正确的反应加以矫正。
(4) 增加学生学习时间。

许多课件只提供了表面的交互作用,如简单地自定步调,或者由于课件设计简单只能维持低水平的交互,其结果导致学生至多是一个旁观者,而不是一个参与者,因此应注意改进。

4. 有效地使用反馈

课件可以供应第一时间的反馈,这是其他媒体手段无法做到的。教学软件会依据学习者个人的特征和学习任务的特征分别给予不一样的反馈。一些相对年幼的学习者渴望并需要通过积极的反馈来表示回答的正确。成年学习者一般喜欢彻底消除正面的反馈,以便提高学习效率。软件应当变化正面反馈的形式,要根据学习任务的类型和难度给予不同的反馈。

5. 确保目标、教学和评定的一致性

在课件中,教学目标、教学内容和评定内容要保持一致;常有这样一种现象,学生学完了教学内容,当进入目标情境时,却表现不出所要求的行为。

课件当中的问题尽可能采用一致的题型,有效地避免学生把更多的时间用于思考各种题型所反应的操作方法上。提问题的时候所给的提示不能过多,以免学生养成不爱动脑的习惯。题目要从题库中随机进行选用,引导学生能够依据所学的知识来做出反应,否则若是按照一定的顺利反复出题,学生很有可能通过对已有答案的顺序的回忆来加以反应,不去动脑筋。

二、多媒体课件的构图艺术

多媒体课件设计是一项较复杂的工作,涉及方方面面的问题,仅仅会

用一两个开发工具是不够的，还要求设计者从最终用户的角度考虑媒体的表现形式和交互方式，从工程角度考虑如何设计高质量的程序。

起初的软件，信息的外在表现形式比较单一。文字是众多信息的载体，图像则显得比较粗糙。因为那时还没有声卡，仅仅靠着使用 PC 的喇叭发出简单的声音；用户只能通过键盘再加以操作。随着计算机的普及和发展，程序设计者有着更为广阔的空间，广大的软件用户也不再满足单调的表现形式。此时，程序设计者就面临着如何选择不同的媒体表现形式问题以及交互方式，是选择文字、图形、声音还是动画？是选择鼠标操作还是键盘操作？

这些表现形式和交互方式各有其优点和缺陷，如果不能合理地选择表现形式及交互方式，反而会产生某些副作用。

（一）构图艺术的基本法则

来自于古希腊的哲学家柏拉图曾说过："构图就是发现和体现一个整体中的多样化。"它也被称之为构图艺术当中最为基本、传统的规则之一。多样化有可能存留在形体、色彩和作品当中主要成分所安排的位置上。多样化预示着在创造形体和色彩方面的变化，这种变化将引起观众的注意，唤起他们的兴趣，激励他们仔细观赏并得到快感。但这种多样化不能过分，否则会使观众感到不安而失去兴趣，必须在一定的秩序内、一种整体的和谐中呈现多样化。也就是说：多样之中求统一，统一之中找变化。

构图的基本原则有如下几点。

1．关于对称

又称对等、均齐，是事物中相同或相似形式因素之间相称的组合关系所构成的均衡。有左右对称和上下对称等表现，基本形式分为完全对称和相似对称两种。它是平衡法则的特殊表现形式，也是形式美的核心。

2．关于比例

指事物与局部以及局部与局部之间的关系，同时彼此之间包含着匀称性，一定的对比是和谐的一种表现。失调的比例会产生不舒适感，甚至是畸形感。

3．关于节奏

形式美的基本法则是节奏变化与整齐，同时也是对于形式美当中的对称、节奏、平衡、参差、整齐、宾主、对比、比例等规律的汇总。"多样"是由众多事物运动发展过程中所产生的结果,体现的是变化律;"统一"则是同化性质运动的结果,是同一律的体现。"多样统一"平衡了事物的对立面,又保持事物的丰富性,在具体运用中,强调的是对各要素"度"的微妙把握,而使事物的关系达到一种理想化的境界。

4. 空白与空间的表现

空白空间更具有表现力。所需的设计方法是不对称的,若把某个要素放于中间,就会使空白空间的表现力被扼杀掉,由于图形处于中间位置,就不再需要构建形状有趣的虚空间。选择把图形偏向一侧,甚至一直放到边缘位置时,就能够激活空白空间,尤其当空白空间的位置很大时,如果空白空间安排得当,版面上所有要素看上去都会感觉很好,但如果你在版面上安排的都是实体要素,那么空白空间几乎就不会起到任何作用了,这些在设计中是不可言喻的道理。

5. 整体性与协调性

相册构图排版设计是传播信息的桥梁,所追求的完美形式必须符合主题的思想内容,这是排版设计的根基。只讲表现形式而忽略照片内容,或只求内容而缺乏艺术表现,版面都是不成功的。只有把形式与照片合理地统一,强化整体布局,才能取得版面构成中独特的社会和艺术价值,才能解决设计应说什么、对谁说和怎样说的问题。

在构图学当中,人们主要总结的规律包括以下几个方面:对称、平衡、对比统一、黄金分割、和谐变化、节奏韵律等。一幅摄影图片可能与多种构图规律相符,但它肯定是把基本构图原则作为基础,通过一种特定构图方式来进行呈现。摄影构图倡导简洁,简洁到从画面中一眼就能看出作者要表现的视觉重点。构图的形式种类繁多,如框式构图、几何形构图、对角线构图、散点式构图等等。

(二)多媒体课件构图的技巧

构图是多媒体课件图像构成的框架,所以构图是一个多媒体课件得以和谐美观的基本保证。只有充分发挥构图和画面的艺术能力,才能为多媒体课件图像的良好艺术效果奠定基础。技巧如下。

1. 1/3 法则的应用

多媒体课件中的教学信息都将显示在屏幕上,对于屏幕上的不同位置,人们观察注意力的集中情况是不同的,把要让学习者所掌握的内容放在合适的位置上以最大限度地吸引学习者的注意力,是多媒体课件构图首先要解决的问题。多媒体课件当中一些重要画面通常位于屏幕的左上位置,因为左上方是人的眼睛最容易留意的位置,反之的右下则是人们容易忽略的部分。这些正是人们常提到的"构图 1/3 法则"。所以应当把课件当中画面的主体放在屏幕左上 1/3 位置附近,如图 4-2-2 所示。

41%	20%
25%	14%

图 4-2-2　构图法则

在制作多媒体课件时应该把需要让学习者最先看到的内容安排在屏幕的左上方,通过构图上的艺术处理来加强学习内容的表现力,使学习者对所要学习的知识能够加深印象。

2. 布局

多媒体课件当中画面的布局要与美的规律相符,力争使画面的艺术形象协调完整、对称均衡,然而画面的平衡通常包括三大类:正平衡、非平衡和非正平衡。正平衡状态下会让人觉得死板、呆滞,彰显不出活力;非平衡会让人感觉不稳定;而非正平衡既匀称又活泼,因此在多媒体课件中应尽量采用非正平衡的布局,如图 4-2-3 所示。

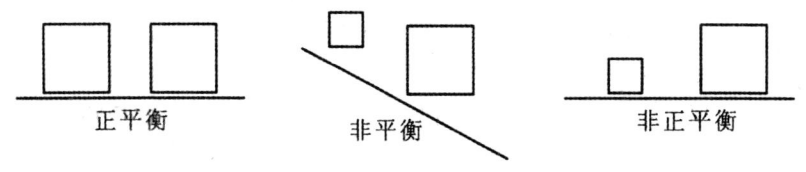

图 4-2-3　多媒体课件非平衡布局

3. 图像的处理

首先要承认的是,全球范围内没有哪一种媒体可以对客体进行完全真实地再现，即便是全彩的三维动画也无法通过色彩、形状、亮度和质感等方面达到与真实物体完全一样的程度。那么，是否意味着画面的真实度越高，学生能够在当中获取的信息就越多，或者说通过画面达到的学习效果就越好呢？不是的。实验表明，如图4-2-4所示。

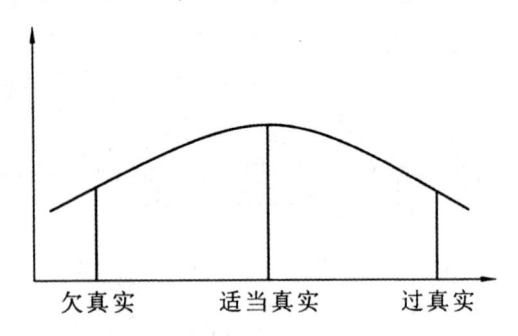

图4-2-4　画面真实度与信息获取的比较图

而对于每一个学生，在确定的观察目的和观察条件下，存在一个适当的真实度，与这个适当的真实度对应的是最好的学习效果。

三、多媒体课件的颜色搭配艺术

（一）色彩搭配注意的原则

色彩搭配的基本原则包括：主要内容部分的文字使用非彩色（主要是用黑色），当中的边框、背景和图片使用彩色。这样搭配出来的页面不会显得单调，观看主要内容时不会感觉眼晕。非彩色搭配当中，黑白色属于最简单且最基本的搭配，不论是白底黑字，还是黑底白字，都显得极为清晰明了。颜色中的万能色是灰色，能够和所有的颜色进行搭配，也可以协助两种对立的颜色进行过渡。

不同年龄阶层的人对色彩的喜好程度是不一样的，此时就需要根据多媒体程序的应用范围来选择合适的颜色。下面给出一份参考表格，如表4-2-1所示，它表明了不同年龄阶层的人对颜色的喜爱顺序。

第四章 多媒体课件的设计与开发

表 4-2-1　不同年龄阶层的人对颜色的喜爱顺序

年龄层	喜爱顺序
成人	蓝、红、绿、白、粉、紫、橘、黄
儿童	黄、白、粉、红、橘、蓝、绿、紫

由于颜色搭配的不同，产生的效果也会不同，因着颜色的不同带给浏览者的心理感受也是不一样的。一种颜色时常包含的不单单是一种象征意义。如红色，不但可以象征热情，还可以象征危险，所以不同的人对于同一种颜色会给予不用的诠释。一般而言，红色是一种激奋的色彩，刺激效果强烈，能使人产生冲动、愤怒、热情、活力的感觉；绿色介于冷暖两种色彩的中间，显得和睦、宁静、健康、安全，它和金黄、淡白搭配，可以产生优雅、舒适的气氛；橙色也是一种激奋的色彩，具有轻快、欢欣、热烈、温馨、时尚的效果；黄色有快乐、希望、智慧和轻快的个性，它的明度最高。

蓝色是一种最让人感觉凉爽、清新、专业的色彩。当它与白色进行混合的时候，可以营造出柔顺、淡雅、浪漫的氛围；白色会让产生洁白、明快、清洁、纯洁的感受；黑色会让产生深沉、寂静、神秘、悲哀、压抑的感受；灰色会让人产生中庸、平凡、温和、谦让、中立、高雅的感受。每种色彩在饱和度、透明度上略微变化就会产生不同的感觉。

网络课件色彩搭配原则就是和谐，它是色彩美永恒的主题。色彩美是在色与色组合关系中表现出来的。色彩配合如同音乐谱曲，没有节奏旋律的声音只能是噪音，没有统一调子的色彩是不能刺激视觉感官的。各种色彩相辅相成并取得和谐关系时才能形成美。因此，网络课件色彩的合理搭配十分重要，一个网站的格调往往取决于色彩的选择和搭配是否恰当。确定网络课件的整体色彩，应该综合考虑受众的欣赏习惯、网络课件的内容和主题。具体来说，应该遵循以下几个原则。

（1）色彩的合理性：网络课件需要有漂亮的色彩，这样，可以吸引浏览者的注意力，可以给浏览者留下深刻的印象，但也需要留意人眼所具有的生理特点，避免采用面积较大的高纯度色相，以免对人产生过于强烈的刺激，致使人容易疲劳。

（2）色彩的独特性：网络课件的色彩搭配需要很好地彰显网站的特色，不落俗套，使浏览者"过目不忘"。

(3) 色彩的合适性：网络课件的色彩搭配应该与网站的内容、性质和气氛相适应。例如，摄影教学网站通常选用黑色作为网络课件的背景，以衬托照片的艺术性。

　　(4) 色彩的联想性：色彩的心理作用使人看到某种色彩时会产生联想。例如，蓝色使人想到大海，黑色使人联想到黑夜。在网络课件色彩运用时，充分考虑色彩的联想性，可以使浏览者产生更深层次的心灵感应，印象更加深刻。

　　(5) 留意色彩的和谐搭配：此处的色彩的和谐指的是色彩搭配所产生的协调美，也就是通过合理搭配使它产生赏心悦目的视觉效果。审美的基本规范是对比与和谐，在多媒体课件的界面上，主要通过色彩的冷暖对比、物体的虚实、明暗的对比，追逐产生强烈的视觉效果，是为了吸引学生的注意力；和谐是强调对比物之间的联系，追求的是平稳的学术传播气氛，目的是创造一个有利于学习的环境，防止视觉疲劳；对比与和谐是相对的，又是相互渗透的。为了使图像色彩和谐，应避免对比生硬和过于强烈，这时，要充分利用相关色和调和色。在设计多媒体的页面时，对色彩的处理必须谨慎，不能只凭个人对色彩感觉的好恶来表现，而要根据内容的主次、风格以及学习对象来选择合适的色彩作为主体色调，如内容活泼的常以鲜艳、亮丽的色调来表现；柔和的则以粉色系列来传达；政治、文化类的以绿色来衬托，一些科技类专业内容则以蓝色、灰色来定调。对于具有单一色调的图像来说，因为大多数是通过纯度和亮度都不一样的单一色彩所组成的，图像的反差比较小，显得比较呆板、单调，这个时候应当留意引进黑白，来增强反差，使图像可以活跃。在对画面色的和谐进行处理的时候，黑、白、灰、金、银等媒介都有着极为独特的意义，他们与所有色彩搭配的时候都可以产生和谐的效果。通常而言，明亮的色彩都能够与白色进行极好的配合，被白色包围的亮色，好像散发出光辉（黄色除外）。

　　色彩是人的视觉最敏感的东西。主页的色彩处理得好，可以锦上添花，达到事半功倍的效果。色彩总的应用原则应该是"总体协调，局部对比"，也就是：主页的整体色彩效果应该是和谐的，只有局部的、小范围的地方可以有一些强烈色彩的对比。在色彩的运用上，可以根据主页内容的需要分别采用不同的主色调。首先，色彩具有象征性，例如：嫩绿色、翠绿色、金黄色、灰褐色就可以分别象征着春、夏、秋、冬；其次，还有职业的标志色，例如：军警的橄榄绿、医疗卫生的白色等；色彩还具备显著的心理感觉，比如产生冷暖的感觉，进、退的效果等。此外，色彩还具有一定的民族性，各个不同的民族因为深受当地环境、文化、传统等因素的影响，使得在色彩的喜好方面也有着很大的不同。把色彩的这些特征加以充分地利用，就可以让我们的主页颇具艺术底蕴，从而使主页的文化内涵得到一定的提升。下面介绍几种常用的配色方案。

暖色调。即红色、橙色、黄色、赭色等色彩的搭配。这种色调的运用，可使主页呈现温馨、和煦、热情的氛围。

冷色调。即青色、绿色、紫色等色彩的搭配。这种色调的运用，可使主页呈现宁静、清凉、高雅的氛围。

所谓对比色彩，就是把色性完全相反的两种色彩放在一个空间当中。比如：红与绿、黄与紫、橙与蓝等。这样的色彩搭配，能让人产生强烈的视觉效果，使人产生亮丽、喜庆的感觉。当然，对比色若用得不好，就会产生适得其反、俗气、刺眼的不良效果。这就要把握"大调和，小对比"这一个重要原则，即总体的色调应该是统一和谐的，局部的地方可以有一些小的强烈对比。

（二）色彩学原理在多媒体课件色彩搭配中的应用

1. 色度学原理

（1）三原色原理

1665年，英国物理学家牛顿使用棱镜成功地把太阳光分离为七种颜色组成的光谱。该实验证明，世界存在的所有颜色都能够通过红、绿、蓝三种颜色按照不同的比例混合后而形成，然而这三种颜色却不能通过其他颜色混合之后获取，而这些正是三原色原理，红、绿、蓝被称为三原色。

（2）色相环

红、橙、黄、绿、蓝、紫为六个基本色相，在各色中间插一个中间色，便构成十二色相环，再进一步找出其中间色，便可得二十四色相环。

（3）色彩的特性与色彩的心理感受

色彩的不同能引起人们强烈的心理反应，产生不同的感觉和兴趣。无论从色彩的物理性质还是从色彩现象的生理意义上说，色彩本无注定的感情内容，但当人们看到色彩时总是会引起某种心理活动。

①色彩的冷暖：颜色当中的红、橙、黄、白等颜色由于与阳光、火焰进行关联，所以被称为暖色；而绿、蓝、青、黑等颜色由于与树荫、月光、水、黑暗等关联，所以被称为冷色。色彩由于含有冷暖的特性而让人产生冷暖的心理感受。暖色表达丰富的感情、热烈的场面；而冷色有安静、深远、透明的心理感受，多表达冷静、理智的感情和寂静的场面。

②色彩的胀缩：在有多种色彩的画面上，凡属暖色和明度大的颜色，给人以膨胀之感；凡属冷色和明度小的颜色，给人以收缩之感。

③色彩的进退：凡是波长较长的可见光，如红、橙色光，因其给人眼刺激较强，有向前冲的感受，这类颜色称为进色；凡是波长短的色光，如蓝、绿色光，给人眼刺激较弱，有向后退的感受，称为退色。当进色与退色同时存在的时候，就会在平面上产生前后空间所形成的层次感，此外，通过色彩的明度层次关系也能够实现对于色彩空间感的表达，把色彩由亮到暗、由暗到亮的层次进行排列，并进行适当的调配，就会有空间感和起伏感。

2. 配色方案

（1）配色原理

①要符合课程的特点：身为课件的设计人员，极为重要的一点是有针对性地使用颜色。因为课件一般比较多样化，包括文史类、理工类、艺术类、体育类等；因为内容和类型的不同，课件用色也会有所不同，不能单单以设计者个人的喜好为主，而应当对如何融合色彩的心理感受来加以思考，用色彩体现课程特点，使课件色彩符合并能体现课程所要表达的内容。例如，红色属于暖色，性格刚烈而外向，常被用来传达象征活力、积极、热诚、前进等意义，所以政治、新闻类多媒体课件适合红色；再如，蓝色等冷色调象征着永恒与深邃、高远与博大、壮阔与浩渺，具有深远、永恒、沉静、无限、理智、诚实、寒冷等意象，一般用于科技类课件；而绿色更符合环保型内容和部队的特点等。

②要符合学生心理：人常常感受到色彩对自己心理的影响，这些影响总是在不知不觉中发挥作用，左右我们的情绪。色彩的心理效应发生在不同层次中。有些属直接的刺激，有些要通过间接的联想，更高层次则涉及人的观念、信仰。因此，课件配色时应考虑如何能够充分利用色彩的心理

感受在课件中创设情景,引发学生联想,激发学生学习情感;如何可以更好地利用色彩所特有的冷暖、快慢、动静、胀缩、进退等特性,在课件当中借助于教学内容用色方面的不同,来达到突出重点、层次分明,好使学生产生深刻的印象;如何通过学生自身的年龄、地域、专业等特点,来对它们中间的流行配色加以使用,进而吸引学生的注意力,激发学生学习兴趣,促进自主学习等。

(2) 配色方案

①无色设计:无色设计即不用彩色,只用黑、白、灰色。例如,在 photoshop 中黑色的明度分别调成 21%、63%、84%,适用于艺术、摄影等门类的课件。

②单色设计:把一个颜色和其任意一个或几个明、暗色配合起来,色彩丰富也很协调。

③类比色设计:在色相环上任选三个连续的色彩或其任一明色和暗色。

④互补色设计:使用色相环上全然相反的颜色,互补色对比非常强烈,大多时候都可以用灰色过渡。

色彩的运用是多媒体课件设计的重要环节,也是课件能否吸引学生的重要因素。特别是在学科专业知识相当的情况下,色彩的力量尤为强大。看色靠视觉,悟色靠感觉,懂色靠品位。随着多媒体课件制作经验的积累,设计者可以逐渐形成自己的色彩风格,引领色彩的潮流。设计高品质的课件一直是课件开发人员所追求的目标,其关键还在于:

①制作画面要优美。

②配音的效果要尽量完美。在开发多媒体交互软件的时候,在制作欢迎画面出现、步骤解析以及结束教程时都需要进行配音。欢迎画面出现和结束教程的时候需要配上音乐,音乐要舒缓放松、具备优美的旋律,最终使用户在轻松愉快中使用软件。每一步骤都要有配音,配音应由专人完成,使整个软件的前后配音连贯一致。步骤解说要精练有效,达到切中要害的目的。

③交互性要强。对于多媒体交互式软件的开发,一定要确保有极强的交互性,以适应不同用户的需要。对每个操作步骤,既可以让最终用户自行按提示和解说进行操作,也能够在最终用户不能正确操作时给出自动演

示过程，这样的软件才是最终用户所欢迎的。

④衔接性要好。在对多媒体软件进行开发的时候，决定软件成功与否的关键在于衔接性的好坏。比如，在开发多媒体交互教程的时候，当中的课程、主题以及步骤之间的逻辑关系务必要理清，最后用户在进行使用的时候不但可以随时开始学习个人感兴趣的内容，也可以重遇以前的内容，因此在任何一个步骤中都要设计一种控制，让最终用户可随时重返主题选择画面。多媒体交互式软件要用到大量的图片，事实上，整个程序就是通过控制这些图片显示的先后顺序来提供可视化操作信息的。前后相邻的两幅图片显示时存在一个时间延迟，时间延迟太长，可能使后一幅图片未显示前的屏幕是空白；而时间延迟太短，又可能会造成图片叠加。因此，设计时，必须控制好这个时间延迟量，使演示过程的屏幕闪烁降到最低限度，以提供较好的衔接性。

⑤制作过程要细致。开发某个多媒体软件属于一个认真进行制作的历程，要保证当中的每个步骤都要跟课程当中实际操作保持一致，随着"以假乱真"水平的提高，表明该多媒体软件开发的就越成功，这才是具有高端品质的多媒体软件。

以上对开发高品质的多媒体课件应该考虑到的问题给予了介绍，以供读者在实际开发过程中作为参考。事实上，设计高品质多媒体课件的关键，是以最形象、最直接和最准确的方式介绍某一过程。

第三节　多媒体课件的开发

一、多媒体课件开发的原则与流程

（一）多媒体课件开发的原则

一个好的多媒体课件，必须遵循一定的原则才能达到最佳效果。赵明、冯丽在《多媒体教学课件开发原则与创作模式》一文中，对多媒体课件开发的原则进行了详细的论述，具体如下：

第四章　多媒体课件的设计与开发

1. 教育性原则

开发多媒体教学课件的时候，一定要以教学大纲作为参考，并依据具体的教学目的与要求，尽可能地发挥计算机多媒体形声并茂、图文并茂的优势来完成对于教学内容的传达，开展交互性实施教学。多媒体课件应当在学生汲取知识、提高能力、培养品德等方面发挥出一定的教育作用，以有益于学生的个性发展。因此，为了体现课件的教育性，在设计课件的时候，应注意下列几点。

一是要明确教学目标。既然教学课件是依照教学大纲编制的，就应该首先明确教学目的。为什么编制这个课件，教学中要解决什么问题，希望达到什么目标。二是要突出重点难点。必须根据教学大纲的要求，围绕教学中的重点、难点或关键性问题来设题立意。要把计算机多媒体的优势加以充分使用，通过合适的表现方式，把较为复杂的问题或难点进行进一步的简化。三是要针对教学形式进行激活，计算机辅助教学有着传统教学方式难以企及的优点，其课件往往灵活多样，通过图、文、声、像交替使用的方式来呈现教学内容，突出教学内容的主体。

2. 科学性原则

毫无疑问，课件的重要原则之一是科学性。课件当中所呈现出来的文字、符号、公式、图表以及概念、规律等方面的传导都需要准确无误，语言方面的配置需要精准。特别是演示模拟实验，不但要符合科学性，还需要善加利用多媒体，依照学生个人的认知规律，恰当利用文字、图像、动画、声音等对学生的视觉和听觉形成良性刺激。值得注意的是，一些刚着手制作课件的教师普遍犯有过分追求声音效果或视觉效果的毛病。如自始至终地播放背景音乐，或每一次内容的切换都伴有很长的声音效果，或界面上重复出现许多精美但却与教学内容无关的小动画等。这样的课件虽然吸引了学生的目光，却分散了学生的学习注意力，这样的课件设计也是不科学的。

3. 辅助性原则

辅助性指的是学生通过课件展示的方式，来对教师在课堂上所讲解的内容进行消化或深入理解。虽说计算机多媒体技术具有很多的优势，但它还是无法完全代替教师进行上课，就像计算机无法代替人的思维是一样

137

的。到现在为止，教学课件还无法囊括教学的所有内容，它一定要在融合教师的讲授之后方可产生更大的效能。所以在开发、制作课件时，要遵循课件只能起到辅助性作用的原则。

4. 适度运用原则

利用认知学习和教学设计理论，根据教学设计，适当运用多媒体课件，创设情境，使学生通过多个感觉器官来获取相关信息，提高教学信息传播效率，增强教学的积极性、生动性和创造性。在课堂教学中，要把一定的时间和空间留给学生，要让他们理解，让他们思考，让他们交流，让他们质疑，绝不能把课堂教学变成课件展示的过程。否则，不论你的课件做得多么精美，你的课堂一定是单调的、乏味的，学生的主动性、积极参与性就会被磨灭，对科学探索的好奇心也随之消失。尤其在全新的课程标准中特别指出，学生的发展不应该单单限定于传承知识，应当聚焦于三维目标的培养，也就是培养知识和技能，方法和能力，情感、态度和价值观。很明显，想要培养学生的科学探究能力，那么学生的实践和经验的积累就是不可缺少的，传统教学当中的课堂实验演示、学生实验操作是计算机模拟技术所无法代替的。

5. 艺术性原则

一部优秀的多媒体课件，不但要取得良好的教学效果，还应该是一件完美的艺术品。实践证明，通过精巧的设计和完美的艺术构思，完全可以将知识中那些抽象、枯燥的内容转化为形象、生动、富有艺术感染力的内容。美的形式能激发学生的学习兴趣，使得学习效率得到大幅度提高。所以多媒体课件的制作要尽量利用艺术创作规律，让知识以艺术的形式呈现，使知识与艺术完美结合。

（二）多媒体课件开发的流程

课件的开发质量与其使用效果有着直接的关联，同时它也是把前面提到的各个阶段的工作通过计算机加以实现的过程。除了需要开发人员具备较高的多媒体计算机技术水平以外，还需要对教学工作有一定的了解。应当邀请美工来参与画面创意，试运行完成后还一定要收集来自课件使用者（教师或学生）的评价反馈，并将其及时地在课件开发中体现出来，要反复修改开发过程中的各环节，最终成为用户满意的成型课件。

1. 教学软件的结构设计

具有了编织脚本系统的基础以后,教学软件的结构设计有了相应的依据。此时应当考虑的重点应当是实现技术方面需要加以注意的细节。其内容主要包括:为了使既定的教学流程和教学模式得以落地实践,应当如何展现课件的风格、版面设计以及多媒体的使用等。如影像的内容、动画的形式,使用何种格式的音乐、音响、语音效果等,图像、图表用多高的分辨率和颜色数,用何种形式的人机交互。在此基础上编写系统分镜头脚本。

在充分考虑了上述技术细节后,对前面脚本设计的不合适之处,还要与脚本设计人员协商修改,以便能使课件的开发既符合原脚本要求,又保证技术上的实现。

多媒体分镜头脚本包括:

(1) 对屏幕进行编号(也可用名称)。

(2) 每一屏幕上各种对象的布局。

(3) 屏幕上图形(图像)的说明:画面尺寸、分辨率、色彩数、亮度,在屏幕上的出场方式。

(4) 屏幕上活动影像的说明:影像尺寸、场景、情节、人物和对话等和影视脚本一样的要求。

(5) 选用的音响类型

音乐——可用 IDI。

语音——可用 WAV。

(6) 人机交互方式:用下拉式菜单、弹出式菜单、还是用按钮。

2. 多媒体素材准备

就像是建筑工程施工一样,设计出了工程图纸后才能对整个建筑结构进行确定,还要准备相应的建筑材料和施工时所用的工具,才可以启动施工。提前准备的多媒体素材就像是建筑材料,而过程中所使用的程序设计语言或写作软件就像是施工时所使用的工具。以下是对多媒体素材的准备写作工具的选择进行论述。

在课件设计中,要收集、采编和制作课件所需的多媒体素材时,可做以下考虑。如果已有多媒体素材的数据库,如光盘存储的原始资料库,或自己过去收集、制作的资料,那么尽可能从中寻找,取出所需的素材;如果是只有部分满足需求，可借助一些工具，进行裁剪、编辑、修改，满足应用的要求。这样会加快课件开发的速度，降低开发费用。

若没有找到，但是上面带有相片、画册或图书当中所附带的图形等，可以通过图像扫描仪录入。若同时含有众多种形式的原图，应当从中选出质量最好的。通常而言，使用底片要好过照片，使用照片要好过画册，而使用画册要好过常用教科书上的附图。除了画面的材质以外，教学要求也是极为关键的一部分，所以在具体教学当中宁可使用轮廓图形，而不用图像质量虽好，但关键部分不突出的照片。经扫描仪采集的图像，一般会有干扰信号，不清晰、有色彩失真且包括不需要的图像边界，因此必须利用图像编辑软件（如 Photoshop、CorelDraw）进行编辑加工。

如果需要制作图形、图像动画，那么就要请美工技术人员进行设计，运用计算机工具软件进行制作。一般情况下，可选用如下工具。

（1）图像制作：选用 Paintbrush、AdobePhotoshop、CorelDraw 等。

（2）图像抓取：Capture、HySnap 等。

（3）图标制作：ImageEdit、IconEdit 等。

（4）光标制作：ImageEdit 等。

（5）平面动画：选用 AnimatorPro、Flash 等。

（6）三维动画：选用 3DSMAX、Director 等。

3. 课件的编制

选择什么样的软件开发课件，首先取决于软件的功能、效率以及使用难易等因素。

通常而言，主要有三种方法。第一种是选择一部分多媒体开发工具，由于避开了程序的编制，所以有着比较高的开发效率；第二种是凭借部分用于多媒体课件开发的开发环境和专用语言，对于开发的课件具有很强的针对性，属于一种不但可以提高开发效率，而且还可以使各种需求得到满足，具有较强灵活性的方法；第三就是直接使用通用的计算机语言，如 Visual Basic、VisualC+等，用此方法开发成本低，但是编程量大。

实际上，目前课件的开发方法都是根据课件的类型，将以上各方法综合应用。这就是以多媒体开发工具、写作工具的使用为主，利用这些工具的方便高效特性，适当地采用面向对象、事件驱动或者是结构化，自上向下的程序设计方法编写程序，也就是发挥编程对各种课件都具备的通用性。正如我们可以乘飞机、火车等工具提高旅行速度，但是到家门口还得要走路一样。因此手动编程往往难以避免。当然随着计算机软件技术的发展，传统的手动编程工作量会越来越小。

对于一些具有较强专业性的课件开发，如高等数学和物理课件当中所使用的符号运算、独特的函数图形等，一般在一部分通用的写作工具环境当中是难以实现的，然而又不想直接动手编程。所以国内众多高校的课件研制人员正尝试开发出一种可以生成某个专业领域中会用到的课件生成系统。

如果选择多媒体软件开发工具，较通用的有：Authorware、Multimedia Builder、方正奥思、深蓝易思多媒体开发工具、苦丁香多媒体开发工具等。简单的可用 Office 系列中的 PowerPoint 等。

4. 教学软件的试用

在基本完成教学软件开发之后，交给专业教师在教学中试用。如果是讲解演示型课件，那么课件设计的教师首先自己试用，通过教学实践，检验是否适用，将不适用之处记下，以便修改时参考；若是操作练习型或个别教学型课件，就要组织学生进行前期的试用，收集学生对于课件使用方面的意见，便于对课件加以改进。上面所提到的过程通常需要重复多次，才能使课件最后得以成型。等到课件成型以后，依然要经历一个分析和评价的过程，所以整个课件一直到了生命期的终结（停止使用），才会真正停止对它的维修改进。

5. 评价与分析

教学评价属于整个教学过程当中的重要部分，不但要对学生的学习成绩、素质的提高与否进行评价，而且还会对教学效果进行评价，同时还要针对课件的效果进行评价，这些对于提高课件的应用还是很有帮助的。总体来看，通常都是把教学内容、教学质量以及软件技术这三者作为评审标准。它的主要要求包括：

（1）教学内容

内容是否精确，是否有教学价值，是否符合教学规律和因材施教的原则，模拟是否逼真。

（2）教学质量

制定的教学目标是否合适，应用该软件时能否达成既定的教学目标。

对于学生来说，设定的难度要适中，可以很好地调动学生学习的兴趣和主动性、积极性，并且有助于提高学生的能力。对于学生的回答和反馈要明确且有效，学生能够对呈现的速度和顺序进行控制。内容呈现清晰，图像、彩色、声音运用适当。课件的适用性广、实用性强、教学模式运用得当等。

（3）软件技术

首先看软件使用的方便性。输入简单、屏幕提示明了、控制灵活，软件安装和启动方便、具有联机帮助。

其次要看软件质量。所呈现出的图形、图像、文字、动画、影像的质量怎么样，屏幕显示的色彩是否正常，屏幕的整理布局是否合理，响应速度怎么样，内容方面是否还有延展的空间、软件技术的应用水平怎么样，程序设计技巧以及文档资料是否完全等。

再次看软件可靠性。能否处理操作错误和回答错误，容错能力如何。

最后看软件环境要求。对软硬件环境要求是否宽松，兼容性如何，软件商品化程度等。

对于软件的评估。确定评估标准，绘制评估表格，量化评估指标，请授课教师（包括辅导教师）、使用课件的学生以及同行专家一起参与评估，并填写评估表格给出综合评语。

二、PPT 课件制作的深化

（一）表格和图表

1. 表格

有多种方法可以在 PowerPoint 演示文稿中创建使用的表格。可以在 PowerPoint 中直接创建表格。可以创建具有很少格式的简单表格，也可以创建格式比较复杂的表格，还可以包含演示文稿内配色方案中的填充和边框颜色。

（1）创建 PowerPoint 表格的步骤为：

①在"常用"上，单击"插入表格"命令。

②指向并选择所需行和列的数量，再单击。

第四章　多媒体课件的设计与开发

③复杂表格的创建可借助"表格和边框"工具栏中的各种命令，如"合并单元格""绘制表格"等。

如果需要创建一个比 PowerPoint 提供的表格更大或拥有更强大格式功能的表格，可以创建嵌入的 Microsoft Word 表格。Word 表格提供了更多关于设置列表、选项卡、缩进和单个单元格格式的选项。还可以嵌入 Microsoft Excel 工作表或 Microsoft Access 表格。

（2）插入 Word 表格步骤为：

①在"插入"菜单上，单击"对象"。

②在"插入对象"对话框中，单击"新建"。

③在"对象类型"框中，单击"Microsoft Word 文档"，再单击"确定"。

④使用"表格"菜单上的命令创建所需的表格。

⑤单击表格以外的区域以返回 Microsoft PowerPoint。

处理嵌入的表格时会出现源程序的菜单和按钮，它们与 PowerPoint 的菜单结合在一起。

2. 图表

可在 Microsoft PowerPoint 的草稿中创建一个图表，或导入一个 Microsoft Excel 工作表或图表。PowerPoint 的默认图表程序是 Microsoft Graph，它是与 PowerPoint 一起自动安装的。

在 PowerPoint 中创建一个新图表时，Microsoft Graph 会自动打开，图表和其相关数据一起显示在一个称为数据表的表中。可以在数据表中输入自己的数据，从而创建自己的图表。

当应用图表的时候，Microsoft Graph 程序及其菜单和按钮会同时出现（或者，若已经把 Excel 图表插入，Excel 菜单和按钮就会和 PowerPoint 菜单同时出现），所以就可以对图表进行修改。比如，可尝试把图表类型从之前的饼图修改为柱形图、放大文本或添加新颜色。

创建和编辑图表步骤：

（1）在"插入"菜单中，单击"图表"。

（2）若要替换示例数据，可单击数据表上的单元格，然后键入所需信息。

（3）若要返回幻灯片，可单击图表以外的区域。

(4) 图表创建后如果需要进行编辑，则可以通过双击鼠标激活图表对象，然后通过"图表"菜单或通过右击图表对象进行编辑操作。

3. 组织结构图

可点击"绘图"工具栏中的图示工具构建一个组织结构图，以对层级关系进行说明，如公司内部一些部门经理与普通职工之间的关系。当对组织结构图进行添加或更改时，组织结构图的周边就会呈现出绘图空间，在它的外围还会有一些非打印边框和尺寸控点，用于调整组织结构图的大小和形状。

创建和编辑组织结构图的步骤为：

（1）在"绘图"工具栏上，单击"插入组织结构图或其他图示"按钮。

（2）单击"组织结构图"图示，再单击"确定"。

（3）执行下列一项或多项操作：

①若要向一个形状中添加文字，请用鼠标右键单击该形状，单击"编辑文字"并键入文字。

②若要添加形状，请选择要在其下方或旁边添加新形状，单击"组织结构图"工具栏上"插入形状"按钮上的箭头，再单击下列一个或多个选项：

A."同事"——将形状放置在所选形状的旁边并连接到同一个上级形状上。

B."下属"——将新的形状放置在下一层并将其连接到所选形状上。

C."助手"——使用肘形连接符将新的形状放置在所选形状之下。

③若要添加预设的设计方案，请单击"组织结构图"工具栏上的"自动套用格式"，再从"组织结构图样式库"中选择一种样式。

（4）当完成后，在图形外单击。

4. 流程图

流程图也是一种常用的图表。如果要绘制比较复杂的流程图并且带有很强的专业性，建议使用专门工具 Microsoft Visio；如果需要的流程图比较简单，则可以使用 PowerPoint 所提供的流程图绘制工具，具体步骤如下：

①在"绘图"工具栏上，单击"自选图形"，指向"流程图"，再单击所需的形状。

②单击要绘制流程图的位置。

③若要向流程图中添加额外的形状，请重复步骤 1 和步骤 2，再按所需的顺序对其进行排列。

④在各形状间添加连接符。

⑤向形状添加文字。

⑥为连接符更改线型或添加颜色。

⑦为形状添加颜色或填充。

（二）在 PowerPoint 文档中插入多媒体对象

1．插入音乐或声音

可以从文件中添加音乐和声音到 PowerPoint 文档。要插入声音，可以选择"插入"→"影片和声音"→"文件中的声音"命令。

把音乐或声音当中加入幻灯片以后，就会出现一个这个声音文件的声音图标。如果想要对这段音乐或声音进行播放，就可尝试把它设定为幻灯片显示的时候自动进行播放、单击鼠标后开始播放，带有特定时间延迟的自动播放，或看作是动画片段当中某个部分进行播放。若是想要这个图标隐藏起来的话，可以将它拖出幻灯片并将声音设置为自动播放。

如果声音文件大于 100Kb，默认情况下会自动将声音链接到文件，而不是嵌入文件。可以任意更改此默认值（大于或小于 100KB 均可）。演示文稿链接文件后，如果要在另一台计算机上播放此演示文稿，则必须在复制该演示文稿的同时复制它所链接的文件。

2．插入影片（数字视频文件）

此处的"影片"是指桌面数字视频文件，其格式包括 AVI、MPEG、QUICKTIME 等，文件扩展名包括．avi、mov、qt、mpg 和 mpeg。选择"插入"→"影片和声音"→"文件中的影片"命令即可插入一段影片。

虽然可以直接通过"插入"菜单来完成影片的插入，但是该影片文件就会自动与演示文稿进行链接，而无法像图片或绘图一样可以直接嵌入演示文稿当中。若是想要在另外一台计算机上实现附带链接文件的演示文稿播放，那么就一定要在复制这个演示文稿的时候同时，完成链接文件的复制。

如果 PowerPoint 不支持某种特殊的媒体类型或特性，或者不能播放某个声音文件，可以尝试插入一个 Windows Media Player 对象来播放。首先，打开 Windows Media Player 并从"文件"菜单上打开文件，以在 PowerPoint 环境外测试影片。如果影片不能播放，Windows Media Player 会给出详细的错误消息和帮助链接以帮助你解决问题。

如果影片可以在 Windows Media Player 中播放，则可以按以下步骤插入一个 Windows Media Player 对象。

（1）在 PowerPoint 中单击"插入"菜单上的"对象"，在右边的列表中选择"Windows Media Player"并将其作为一个媒体剪辑插入。

（2）对象插入后会显示一个 Windows Media Player 的界面，在此界面上单击鼠标右键并选择"属性"命令。

（3）通过设置属性窗口内的"自定义"栏目来指定播放的影片文件和其他播放属性。

3. 插入语音旁白

在下列情况下，可能希望向演示文稿中添加旁白（配音）：

（1）基于网站的演示文稿。

（2）保存会议记录，便于演讲者以后校对。

（3）用于自动运行幻灯片放映演示文稿。

录制语音旁白的步骤如下。

（1）在普通视图的"大纲"选项卡或"幻灯片"选项卡上，选择要开始录制的幻灯片图标或缩略图。

（2）在"幻灯片放映"菜单上，单击"录制旁白"。

（3）单击"设置话筒级别"，按照说明来设置话筒的级别，再单击"确定"。

（4）选择是嵌入旁白还是链接旁白。

（5）如果在步骤 1 中选择了从第一张幻灯片开始录制，请转至步骤 6。如果选择从不同的幻灯片开始录制，会出现"录制旁白"对话框。请执行下列操作之一：

①若要启动演示文稿中第一张幻灯片的旁白，请单击"第一张幻灯片"。

②若要启动当前选定幻灯片的旁白，请单击"当前幻灯片"。

（6）在幻灯片放映视图中，通过话筒语音输入旁白文本，再单击该幻灯片以换页。语音输入该幻灯片的旁白文本，再换至下一张幻灯片，依此类推。可以暂停和继续旁白。

（7）若要暂停和继续旁白，请用鼠标右键单击幻灯片，再在快捷菜单上单击"暂停旁白"或"继续旁白"。

（8）重复步骤6直到浏览完该幻灯片，遇到黑色的"退出"屏幕时，请在其中单击鼠标。

旁白是自动保存的，而且会出现信息询问是否需要保存放映时间。请执行下列操作之一：

①若要保存放映时间，请单击"保存"。幻灯片浏览视图中会显示幻灯片，而且每张幻灯片的底部都有幻灯片放映时间。

②若要取消该时间，请单击"不保存"（可以单独地录制该时间）。

4．动画设置

为幻灯片上的文本、图形、图示、图表和其他对象添加动画效果，这样可以突出重点、控制信息流，并增加演示文稿的趣味性。

PowerPoint 2003 所增添的一些动画功能，如路径动画、触发器等，不仅丰富了幻灯片放映的效果，还使得 Power Point 2003 更接近于一个功能强大的多媒体创作工具，可以用它制作出效果出色的多媒体作品。

（1）应用预设动画方案

如果要简化动画设计，可直接将预设的动画方案应用于所有幻灯片中的项目、选定幻灯片中的项目或幻灯片母版中的某些项目。使用预设动画的步骤如下：

①如果只希望将动画方案应用于几张幻灯片，请单击"幻灯片"选项卡，再选择所需的幻灯片。

②在"幻灯片放映"菜单上，单击"动画方案"。

③在"幻灯片设计"任务窗格的"应用于所选幻灯片"之下，单击列表中的动画方案。

④如果希望将方案应用于所有幻灯片，请单击"应用于所有幻灯片"。

（2）应用自定义动画

使用"自定义动画"任务窗格的时候，能够以自定义的方式来对对象的动画进行设置。自定义动画可以在幻灯片、占位符或段落（主要是指单个项目符号或列表项目）当中的项目加以应用。比如，可以把飞入动画在

147

所有幻灯片的项目当中加以应用，也可以把飞入动画在项目符号列表当中的单个段落中加以应用。同时还可以把众多种动画应用于单个项目；这样就能够使项目符号既可以飞入，还能飞出。应用自定义动画的步骤如下。

①在普通视图中，显示包含要动画显示文本或对象的幻灯片。

②选择要动画显示的对象。

③在"幻灯片放映"菜单上，单击"自定义动画"。

④在"自定义动画"任务窗格上，单击"添加效果"按钮，并执行下列一项或多项操作。

A. 若要使文本或对象以某种效果进入幻灯片放映演示文稿，请指向"进入"，再单击一种效果。

B. 若要为幻灯片上的文本或对象添加某种效果，请指向"强调"，再单击一种效果。

C. 若要为文本或对象添加某种效果以使其在某一时刻离开幻灯片，请指向"退出"，再单击一种效果。

（3）加路径动画

可以为文本或对象添加路径动画，这将使 PowerPoint 的动画功能更加灵活。

①在普通视图中，显示包含要创建动作路径的文本或对象的幻灯片。

②选择要动画显示的文本项目或对象。

③对于文本项目，可以选择占位符或段落（包括项目符号）。

④如果"自定义动画"任务窗格未显示，请在"幻灯片放映"菜单上单击"自定义动画"。

⑤在"自定义动画"任务窗格中，单击"添加效果"，指向"动作路径"，然后执行下列操作之一。

A. 应用预设动作路径。

B. 创建自定义动作路径。

⑥按字母、字或段落动画显示文本。

在文本动画中可按字母、字或段落应用效果，例如，使标题每次飞入一个字，而不是一次飞入整个标题，设置过程如下。

在"自定义动画"任务窗格的自定义动画列表中，单击所需的动画文本项目。

第四章　多媒体课件的设计与开发

单击箭头，再单击"效果选项"，然后执行下列一项或多项操作。

A. 若要按字母显示动画，请在"效果"选项卡的"动画文本"列表中，单击"按字母"。

B. 若要按字显示动画，请在"效果"选项卡的"动画文本"列表中，单击"按字/词"。

C. 若要按段落级别或项目符号显示动画，请在"正文文本动画"选项卡的"组合文本"列表中，单击一个选项。

注意：若要在字母、字或段落动画之间产生延迟，请在"计时"选项卡的"延迟"框中输入一个数字。

⑦使用触发器

在 PowerPoint 动画中可使用触发器。所谓触发器是指通过设置可在单击指定对象时播放动画。设置触发器的步骤如下。

A. 在"自定义动画"任务窗格的自定义动画列表中，单击所需的动画文本项目。

B. 单击箭头，再单击"计时"。

C. 单击"触发器"，并选择"单击下列对象时启动效果"，并在右边对象列表中选择作为触发器的对象。

第五章 信息技术与课程整合

信息技术与学科课程之间所进行的整合是目前开展信息化教育事业当中的一个热门话题。伴随着教育改革力度的增加，国家开始越来越关注信息技术与课程的整合。通常来说，技术与课程的整合就是通过课程把信息技术与学科教学有机地结合起来，从根本上改变传统教和学的观念及相应的学习目标、方法和评价手段。

《国家中长期教育改革和发展规划纲要（2010—2020年）》提出加快教育信息基础设施建设。信息技术对教育发展具有革命性影响，必须予以高度重视。把教育信息化纳入国家信息化发展整体战略，超前部署教育信息网络。到2020年，基本构建起一个覆盖到各级各类学校的教育信息化体系，促使教育内容、教学手段和方法等对话。对于优质资源和先进技术加以充分利用，对于运行机制和管理模式进行创新，整合现有资源，构建先进、高效、实用的数字化教育基础设施。

第一节 信息技术与课程整合概述

一、信息技术教育应用发展概况

信息技术是指在获取、存储、处理和传输信息的过程中所用到的手段和方法体系。而信息技术主要指的是与计算机、网络有所关联的各种软硬件技术。该技术使得当下人们获取、传递、再生和利用信息的能力和手段得到大幅度提高，也促使当下的生活方式和工作方式产生了很大改变。

众所周知，自1959年美国IBM公司研究出第一个计算机辅助教学系统以来，信息技术教育应用在发达国家大体经历了三个发展阶段。

（一）CAI（computer assisted instruction，**计算机辅助教学**）阶段

CAI阶段大致是指从20世纪60年代至80年代中期，主要是借助于计算机具备的快速运算、图形动画和仿真等功能来辅助教师顺利解决教学工作当中的一些重点和难点，这些CAI课件大部分还是以演示为主，该阶段属于信息技术教育应用的第一个发展阶段。在这个阶段当中，通常只会提到计算机教育（或计算机文化），信息技术教育的概念尚未提出。

（二）CAL（computer assisted learning，**计算机辅助学习**）阶段

CAI阶段大约是从20世纪80年代中期至90年代中期。此阶段逐步从辅助教为主转向辅助学为主，也就是强调如何利用计算机作为辅助学生学习的工具。例如，用计算机帮助搜集资料、辅导答疑、自我测试以及帮助安排学习计划等，即不仅强调计算机辅助教师的教，更强调计算机辅助学生自主的学。这是信息技术教育应用的第二个发展阶段，在这一阶段，计算机教育和信息技术教育两种概念同时并存。

需要说明的是，国内的信息技术教育应用开始的比较晚，直到20世纪80年代才开始围绕计算机辅助教学进行试验研究，落后于美国整整20年；再加上国内的教育界自古以来深受"以教为主"传统教育思想的影响，常常是仅看重教师"教"的过程，而对于学生自主的"学"没有加以重视，所以，虽说全球范围内自20世纪80年代中期开始，信息技术教育应用的主要模式开始由CAI转化为CAL，但是在我国似乎并没有感受到这种变化。不仅从80年代初期到90年代中期是如此，甚至到了今天，我国绝大多数学校的信息技术教育应用模式仍然主要是CAI。

（三）IITC（integrating information technology into the curriculum，**信息技术与课程整合**）阶段

从20世纪90年代中期以来，信息技术与各学科课程的整合成为国家教育界极为重视和关注的一个研究课题，也成为信息技术教育应用走进第三个发展阶段（大致是从20世纪90年代中期直到当前）以后，信息技术在教学工作中应用的主要模式。原来的计算机教育（或计算机文化）概念

151

已完全被信息技术教育所取代。

二、信息技术与课程整合的基本概念

（一）信息技术与课程整合的含义

信息技术与课程整合是一个内涵非常丰富的概念，不同的研究者曾从不同的角度对这个概念进行了不同诠释。

（1）国内教育技术学界的泰斗南国农先生认为：信息技术与课程整合指的是把信息技术作为可使用的工具与课程融合为一个整体，把信息技术渗透到课程教学体系的各个环节，促使它成为教师开展教学的工具、学生进行认知的工具，其不但是重要的教材形态，同时还是主要的教学媒体。

（2）北京师范大学何克抗教授认为：所谓信息技术与学科课程整合，就是通过将信息技术有效地融合于各学科的教学过程，来营造一种新型教学环境，实现一种既能发挥教师主导作用又能充分体现学生主体地位的以"自主、探究、合作"为特征的教与学的方式，从而把学生的主动性、积极性、创造性充分地发挥出来，使传统的以教师为中心的课堂教学结构发生根本性变革，从而使学生的创新精神与实践能力的培养真正落实到实处。

（3）华南师范大学李克东教授则认为：信息技术与课程整合指的是在开展课程教学过程中尝试把信息技术、信息方法、信息资源、人力资源和课程内容进行有机结合，一起达成教学任务的一种新型的教学方式。

关于信息技术与课程整合含义还有很多说法，如大整合、小整合。"大整合论"认为信息技术与课程整合实质上是一种基于信息技术的课程研制理论和实践，即课程信息化，实际上它包括两个方面：信息技术课程化和学科课程信息化。对信息技术课程化的研究指的是把信息技术看作是一门独立的课程，对于信息技术作为独立课程的目标、内容和评价进行研究；学科课程信息化指的是把信息技术渗透到学科课程的各个层面，好使学科课程内容信息化、课程实施过程信息化、课程评价信息化。"大整合论"的观点有助于我们从课程整体的角度去思考信息技术的地位和作用。

"小整合论"则将课程等同于教学。这种观点将信息技术与课程整合等同于信息技术与学科教学整合，信息技术主要作为一种工具、媒介和方法融入教学的各个层面，通过采用教学设计的方式来把教师、学生、媒体、内容等进行全方位考虑，好使学习内容的组合方式变得更加合理、清晰，课堂教学结构的设计可以更加优化。信息技术不但是教师用来开展教学工作的工具，同时也是学生学习过程中的认知工具。在学科教学工作当中，教师通过便捷的信息技术工具，从而使信息技术很好地与学科教学融为一体。

无论哪种信息技术与课程整合的定义都是从不同的方面来反映其本质的，即在先进的教育思想、理论指导下，把计算机、网络为核心的信息技术作为促进学生自主学习的认识工具与情感激励工具、丰富的教学环境的创设工具，并将这些工具全面运用到各学科教学过程，使各种教学资源、各个教学要素和教学环节，经过组合、重构，相互融合，在整个优化的基础上产生聚集效应，从而促进传统教学方式的根本变革，以达到培养学生创新精神与实践能力的目标。

（二）指导思想与理论

1. 指导思想

《基础教育课程改革纲要（试行）》汲取了全球范围内各个国家的先进思想理念，此次新课程改革正是在教育信息化的环境下开启的，具有跟之前完全不同的性质。其最终目的在于带领教育"面向现代化、面向世界、面向未来"，大力推动素质教育，借助于全新的教育教学理论作为指导，构建全新的学生观，注重学生个性的发展；建立新的人才观，重视多层次人才的培养；积极实现学生学习方式的转变。

信息技术整合于课堂教学，存在着如何进行整合的策略性问题，但是最本质最关键的问题是教育观念的问题。在信息技术与课程整合中，必须有现代的教育教学理论作为指导，它是将信息技术运用于课堂教学的基础，对于我们长期习惯于传统学校教育的人来说是一种新的挑战和机遇。这种挑战不仅是对学校教学模式、课程、教材等方面的挑战，更重要的是对我们长期以来已经非常习惯的、在一定程度上已经根深蒂固的教育思想和教育观念的挑战。信息进入教学过程，带来新的教学观念。这种挑战迫使教师不得不重新思考，重新为自己进行定位，调整自己的教育思想和教学观念使之与信息化教学环境相适应。

现代教育观念尤其注重在教育工作当中对现代信息技术和最新教育理论加以应用,对教学效果进行优化,着重研究学习者的学习需求和学习特点,注重满足学习者的个性需求,对于素质教育和培养创造性人才尤为重视。把对学习者四大支柱（学会认知、学会做事、学会合作、学会做人）的培养看作是教育的终极目的。

现代教育观念不再只是强调研究教师的教,更关注学习方的学；现代教育观念要求教师不再只是知识的传递者和教学过程的讲授者,而是教学活动的设计者,学习方式的开发者,学习者学习过程的帮助者、调控者和评价者；现代教育观念追求学习者能力的全面发展,不只是认知能力的提高,而是以四大支柱为基础全面培养学生的个性、社会性人格和能力。现代教育观念与传统教育观念还是很不一样的,它属于现代社会在教育方面的要求,也是教育在面对快速发展的社会时必然会做出的反应。同时也是我们进行研究和实验的基本依据,也应当成为教师开展教学活动的指导思想。

基于信息化教育环境中的课程教学改革,我们在更新教育教学观念的同时,应该了解：信息技术为教学带来了什么变化？与传统的教学相比信息技术赋予信息化教学哪些特征？1993年,美国教育部组织了十多位资深专家（B. Means等）完成了一份题为《用教育技术支持教育改革》的报告,为如何运用现代化信息技术进行基础教育改革提供了指导性的框架。报告提出了革新教学的若干特征,从下表（表5-1-1）中可以看出革新的教学与传统的教学之间的明显差别。

表 5-1-1　信息技术整合于教学的新特征

传统的教学	革新的教学
教师导向（教师中心）	学生自主探索（学生中心）
说教性教学	互动式教学
单学科的固定教学模块	带真实任务的多学科延伸模块
个体作业	协同作业
教师作为知识施予者	教师作为帮促者
同质分组（按能力）	异质分组

续表

传统的教学	革新的教学
基于事实、知识的学习	批判性思维和基于信息的决策
被动学习	积极主导的、有计划行动
注重学习结果评价	注重过程评价

利用信息技术革新教学，形成了对传统教学全方位的冲击，其变化核心是考虑教学的思维惯性要彻底进行转变，教师通常习惯于考虑如何将知识更多、更有效地传递给学生。他们精心地组织教学内容，合理地组织教学过程结构，设计教师"如何教"是教师要重点考虑的问题；应用信息技术改革教学，教师要考虑的是如何关注学生的学习、设计学生"如何学"的问题。重心发生了转移，师生都要进行角色转变。学生从起初被动的、低投入的学习慢慢转变为积极主动的探究性学习，使得学会学习、学会生存、学会与人相处变得极为重要。学生不再只是对知识简单记忆的标准，教师要尝试设计出与学生先生生活相关联、真实的、极富挑战性的主题或问题，带领学生积极去解决问题，进行意义建构，促进学生高级思维发展。

2. 指导理论

信息技术与课程整合的指导理论包括各种学习理论，如行为主义学习理论、认知主义学习理论、建构主义学习理论，教学理论，传播学理论以及系统理论。

第二节 信息技术与课程整合的实施

一、信息技术与课程整合的层次

在目前教学实践过程中，根据教学条件、教学内容和教学资源等方面的因素，为了更好地达成课程教学目标，信息技术与课程整合的方式可以不一样。依照信息技术与课程整合的程度和深度的不同，可以把整合的过程大致划分为三个阶段和十个层次，各个层次表示的是一类具体的整合方式。

信息技术与课程整合的三个阶段分为封闭式的、以知识为中心的课程整合阶段；开放式的、以资源为中心的课程整合阶段；全方位的课程整合阶段。

（1）封闭式的、以知识为中心的课程整合阶段包括：信息技术作为演示工具、信息技术作为交流工具和信息技术作为个别辅导工具三个层次。

（2）开放式的、以资源为中心的课程整合阶段包括：信息技术作为资源环境、信息技术作为信息加工工具、信息技术作为协作工具和信息技术作为研发工具。

（3）全方位的课程整合阶段包括：课程内容改革、教学目标改革和教学组织架构改革。

二、探索信息技术与课程整合的途径与方法

我国学者提出的信息技术与课程整合的途径与方法在借鉴国外先进经验的基础上，结合国内十多年的实践探索，对信息技术与课程整合也逐渐形成一套比较系统完整且具有中国特色的理论与方法。

有效整合的方法一定要在对整合的内在底蕴有着一定科学认识的基础上才会有形成的可能性。我们所认为的关于整合的内涵和本质都来自西方的观点（由营造新型教学环境的视角来对整合加以理解），只不过我们再次结合了我国真实的国情和多年实践所积累的经验作为补充，得以逐步拓展了这个观点。换句话说，我们对于整合的内涵与实质有更为切合实际的深刻认识，因而何克抗教授在此基础上提出自己的有效整合乃至深层次整合的独特途径与方法。

由于"教无定法"，谁也不可能提出一套适合所有学科的"包治百病"的整合方法。但是不同学科要实现与信息技术的整合都需要信息技术环境的支持，因而需要遵循共同的指导思想与实施原则。只要掌握了这些指导思想与实施原则，各学科的教师完全可以"八仙过海、各显神通"，在教学实践中结合相应的学科创造出多种多样、实用有效的整合模式与整合方法。若从这个意义上说，各学科的整合都应遵循的共同指导思想与实施原

则，也未尝不可看作是一种宏观的实施方法或途径。接下来所论述的五个方面是来自于何克抗教授历经多年整合实践和深层面的理论思考所形成的、有关各个不同学科的信息技术与课程进行整合时都一定要遵守的指导思想和实施原则，这些也是为众多教师所开出的有关开展深层次整合的"处方"，也就是切实践行信息技术和课程深层次整合的基本流程与方法。

（一）以先进的教育理论（特别是建构主义理论）为指导

信息技术与课程进行整合的过程不单单是针对现代信息技术加以应用的过程，它必然会引发教育、教学领域的一场深层次的变革。从另外的一个角度来说，整合的过程正是针对教育进行深化改革的历程，既然要进行改革，就一定要有一个先进的理论作为前方的指导，而没有理论作为指导的实践活动只能是盲目的实践，将会事倍功半甚至徒劳无功。这里之所以要特别强调建构主义理论，并非因为建构主义十全十美，而是因为它对于我国教育界的现状特别有针对性。它所强调的"以学为主"、学生主要通过自主建构获取知识意义的教育思想和教学观念，对长年以来主导我国的各级各类学校当中，以教师为核心传统教学结构将会是猛烈的冲击；另外，也由于建构主义学习理论与教学理论，以及建构主义学习环境当中的教学设计方法，能够为处于信息技术环境当中的教学，也是为信息技术与各个学科课程的整合，供应了最为强劲的理论支撑。

（二）紧紧围绕新型教学结构的创建进行整合

在前面分析信息技术与课程整合定义与内涵的过程中，曾经指出："整合"的实质与落脚点是变革传统的教学结构，即改变以教师为中心的教学结构，创建新型的、既能发挥教师主导作用又能充分体现学生主体地位的"主导—主体相结合"的教学结构。既然如此，信息技术与课程整合应该紧紧围绕新型教学结构的创建来进行，否则将会迷失方向——把一场深刻的教育革命（教学过程的深化改革）变成纯粹技术手段的运用与操作。

要始终以新型教学结构的创建为中心进行整合，就需要教师在课程整合的时候对于教学系统当中的四个要素（教师、学生、教学内容、教学媒体）各自的地位和所发挥的作用要给予更多的关注。看看经过一定的整合，是否能够使这四个要素的地位和作用在与传统教学结构进行对比时有所改变，改变的程度有多大，哪些要素改变了，哪些还没有，原因在哪里。只有紧紧围绕这些问题进行认真分析，并采取相应的措施，才能实现有效的深层次的整合。事实上，这也正是衡量整合效果与整合层次深浅的主要依据。

（三）注意运用"学教并重"的教学设计理论进行信息技术与课程整合的教学设计

当前广为传播的教学设计理念主要包括"以教为主"的教学设计和"以学为主"的教学设计（也被称之为建构主义学习环境当中的教学设计）两大类。因为这两种教学设计理论都有优势和不足，所以最好是把这两者进行一定的融合，进而产生优势互补的"学教并重"的教学设计理论。这种理论正好能支持"既要发挥教师主导作用，又要充分体现学生主体地位的新型教学结构"的创建要求。在运用这种理论进行教学设计时，应当注意的是，对于计算机为核心的信息技术（不管是多媒体还是计算机网络），都不能把它们仅仅看作是辅助教师教课的形象化教学工具，而应当更强调把它们作为促进学生自主学习的认知工具与协作交流工具。建构主义学习环境下的教学设计，正好能在这方面发挥重要的指导作用。

（四）重视各学科的教学资源建设是实现课程整合的必要前提

若是缺少高质量的教学资源作为支撑，学生的自主学习也就无从谈起，更别说引导学生进行自主发现和自主探索。教师作为课堂的主导者，学生只能被动接受知识的状态没有实质性改变的话，也就谈不上创建新型教学结构。一旦无法切实地创建新型教学结构，培养创新人才也只能成为空中楼阁。

但是重视教学资源的建设，并非要求所有教师都去开发多媒体课件，而是要求广大教师努力收集、整理和充分利用互联网上的已有资源，只要是网站上有的，不管是国内的还是国外的（国外也有不少免费教学软件），都可以采取"拿来主义"（但"拿来"以后只能用于教学，而不能用于谋取商业利益）。只有在确实找不到理想的与学习主题相关的资源情况下，才有必要由教师自己去进行开发。

（五）注意结合各门学科的特点建构易于实现学科课程整合的新型教学模式

借助全新的教学模式就可以完成新型教学结构的创建。教学模式应当归属于教学方法和教学策略，但它与教学方法和教学策略又有着本质性区别。教学方法或教学策略通常指的是教学方面所使用的较为单一的方法或策略，而教学模式则是由两种或两种以上教学方法或教学策略组合后所构成。在教学过程中，为实现某种预期的效果或目标（如创建新型教学结构）往往要综合运用多种方法与策略，而当这些教学方法与教学策略的联合运用总能达到预期的效果或目标时，就成为一种有效的教学模式。

新型教学结构的教学模式能够真正实现的有很多，而且由于学科和教学单元而有所不同，每位教师都应当根据学科自身的特点，借助信息技术与课程之间的深层次整合去创建新型的、既能发挥教师主导作用又能充分体现学生主体地位的"主导—主体相结合"的教学结构。教学模式的类型是多种多样的、分层次的。从最高层次考虑，大致有四种实现信息技术与课程深层次整合的教学模式。

（1）探究性教学模式适用于各个学科每一个知识点的常规教学（这种模式可以深入达到各学科认知目标与情感目标的要求，且文理科皆适用）。

（2）专题研究性教学模式适用于培养学生的解决实际问题的能力（包括发现问题、提出问题、分析问题、解决问题的能力）。

（3）创新思维教学模式适用于培养学生的创新思维能力（包括发散思维、逻辑思维、形象思维、直觉思维和辩证思维能力）。

（4）仿真实验教学模式则适用于物理、化学、生物等课程的实验教学。

这四种教学模式都有各自不同的实施步骤与方法。大量实践证明，如能掌握这四种教学模式的实施步骤与方法并加以灵活运用，一定能取得深层次整合的理想效果。

第三节　信息技术与课程整合案例

国内外信息技术与学科课程整合的研究与实践已经经历了十多年时间，在此期间产生了许许多多优秀的案例。这些优秀的案例是现在将要进行课程整合的教师们的最好范例。本节将简要介绍信息技术与中国和外国文学课程整合的案例，帮助读者了解信息技术与文学课程整合的具体方法。

一、信息技术与中国文学课程整合案例

（一）信息技术与高职古代文学课程整合的案例

由于中国教育水准的持续提升，使得高职院校当中培养学生的各方面素质相关要求不断提高，中国古代文学内容如浩瀚星空，对于培养学生的文化修养、道德情操和团体精神方面是不可或缺的。以下主要叙述新时代信息文化环境下高职院校多需要对学生发展特点加以使用，把教学当中的课程体系和教学内容加以创新，使得学生的思想底蕴和专业素养得到全面提高。

基于教育部对学生综合素质的要求，高职院校对于学生的培养也在不断摸索和变化。我国古代文化源远流长，不仅能够陶冶高职院校学生高尚情操和文化操守，更能够培养学生的爱国主义和人文素养，帮助学生树立正确的人生导向、价值观和使命感。

为了紧跟时代的步伐，使学生得以全面发展，高职院校在教授古代文学的时候要适当融合新信息背景，对予教育模式进行改革，变换原有的教学思路，在调整课程体系和教学内容的基础上进行改革，在古代文学课堂中要善加利用多媒体手段和新信息技术，促使有着深厚底蕴的古代文化通过新信息技术广为传播和传承。以下从不同角度分析，以新信息背景为指引，完善古代文学教学优势和方法。

1. 运用信息技术手段，增加课堂信息量

在古代文学课堂教学当中，有些典籍中的文字生僻、艰涩，教师在进行授课时仅仅口头传授学生很难听懂，而板书又会受到时间的限制，这种情况下，教师就可以利用信息技术和多媒体手段对重难点做多维度的分析，使学生可以对典籍当中的内容和寓意有清晰的了解。另外，依据古书中原文部分的影像材料，可以借助多媒体和小视频来清晰地呈现教授的教学内容，使古文内容得到丰富，课堂的信息量得以增加，有助于学生的学习质量逐步提高，促使学生的印象得以加深。

2. 运用信息技术，加强课堂的直观性、生动性，创造情境教学，以情感人

（1）利用科学技术手段，使课堂内容更加直观和生动

在高职古代文学课堂的教学实践中，通过对课堂内容中文字的介绍，教师可以通过网络技术，到网站、教育平台找到相关教学视频和插画，通过视频以及插画的剪辑就可以制作微课视频和微课图片等。在课堂中，可以以图片或者视频的方式呈现中国古代丰富的文化遗迹，如佛像、寺庙、书法、绘画、雕刻、封建王朝的疆域、版图等；以图片对比的方式和视频的剪辑来区分戏曲中的生、旦、净、末、丑等角色形象；至于诗词诵读、古典演奏、戏曲声腔等，可以从互联网平台来找到相关视频介绍，使文本内容得到生动直观的展示，加深学生的印象，增强教学效果。

（2）创造情景教学模式，以情感人

高职院校古代文学课堂可借助视频剪辑、音乐共鸣、图片欣赏的方式来对作品诞生的年代、历史背景和情感线索进行呈现，从而完整展现作品最初的面貌。从以往的教学模式来看，教师时常会以朗读的方式引导学生体会课文的情感和核心思想，深入理解课文内容，然而因为个体有一定的差异，主观意识也会有所不同，有的学生能够读出感情，引起其他人的共鸣；而有的学生则不能找到其中的切入点，使课堂教学质量不理想。这种情况下，教师就可以制作课件教学，将图片、声音、音乐相结合，最大程度带动学生感观世界，帮助学生感受全文情感，掌握文章基调，同作者进入同一个思想境界。

教师在教授古诗词的时候，应当尽可能减少从主观层面进行理性分析，尽力带领学生走进作者所构建的诗词世界当中，使学生切身体会到作

者的喜怒哀乐，与诗人一起感受悲喜，进而产生最好的教学效果。比如在上北朝民歌《木兰诗》之前，教师会尝试播放《木兰从军》动画片，片中为学生呈现木兰穿上戎装，替父参军的高大形象，以及木兰跨过关山险要，英勇杀敌的十年征战生活，还展现了木兰屡建奇功而辞官，荣归故里的喜悦场景。在观赏片子的过程中，学生就很容易被木兰的孝道、勇敢、不慕高官、向往和平、热爱生活的品质所感动。带着对故事情节的了解，教师可以让学生们打开课本再来读《木兰诗》，学生们很快就能够掌握诗歌的内容，领会诗歌的主题，理解作者的创作意图，明白为什么千百年来木兰一直是文学家笔下的最爱。又如，教师在带领学生学习杜甫的《登岳阳楼》一诗时，诗中的第三、四句"吴楚东南坼，乾坤日夜浮"时，学生对内容不好理解，就会提出疑问：洞庭湖怎么能把吴国和楚国分开呢？乾坤之大，怎么会在湖里浮动呢？于是教师利用网络技术，把课件里面名为《登楼观湖》的视频找出来和学生们一起观看，学生就会看到波澜辽阔、水天一体的洞庭湖，正好把整个东南地域切割为两个部分，天和地好像在湖水当中不断摇动。学生在观看这样的视频时，很快就可以理解文章所要表达的具体内容，全面了解作者所使用的夸张手法，感受诗歌散发出的磅礴气势。

3. 寓教于乐，激发学生的学习热情

高职院校古代文学课程比较晦涩难懂，枯燥无趣，利用传统的一支粉笔、一面黑板的教学方式很难激发学生的学习兴趣，更不能引起学生的学习积极性。这就要求教师打破传统的教学方法，运用新信息技术和网络平台来对教学模式革新。对古诗词的教课，可以通过诗意图和配乐朗诵进行，将授课氛围调动起来，帮助学生加深对古诗词的记忆和理解。学生还可以利用学习平台上传自己的朗诵视频，由教师分组制作课件，将学生由被动接受变为主动学习，并且在课堂中充分利用小组评价的方式调动学生的积极性和学习热情，提高学习主观能动性。

教师可以通过网络技术和信息手段，将不好理解的古诗词制作为游戏课件与学生互动，增加学习的趣味性，使学生在游戏中学习，提高学习兴趣。

教师可以利用微信平台开发的微信小程序游戏，将古代典籍、古典诗词以及作品简介、作者艺术特点等教学重点通过游戏闯关的方式让学生进

行学习。这样的学习方式更容易让学生接受，轻松学习达到寓教于乐的效果。

借助于诗歌来完成闯关的小游戏不但能使学生很快完成诗句的背诵，还可以使读者以更感性的层面来认识诗歌。该教学模式为我们拓展出一条新思路：游戏和教学内容进行一定的融合，能够使稍显呆板的教学内容变得越来越生动活泼，使得学生更容易加以接受和掌握，也属于新信息背景下古代文学教学的新突破。

4. 利用微课教学，提高学生的主观能动性

在传统教学过程中，每堂课程都需要明确的教学目标，且内容烦琐，导致教学时教学主题很难突显。教师使用微课教学可以使用微视频的功能，突显每节课程的教学目标。学生围绕教学目标开展学习，提高课程的教学效率。

微课教学与学生在学习方面的需求是契合的，据权威机构研究表明，单个学生专注学习的时间难以长久地坚持下去，若使用微课教学，会很符合学生的学习特点。教师在专注制作视频的时候，不再需要专业化的设备，仅仅需要一部手机就能够实现。学生在该种模式下完成学习，可以有效提高学习效率，提高主观能动性。

5. 精选教学内容，完善教学过程

高职高专的学制是三年，每一门的课程都安排得比较紧，同时还要完成理论课时和实践课时的比例，古代文学课程在高职高专的教育目标下显得有点不太合群。教师要想在有限的时间内实现教学目标，需要对讲课的内容精挑细选，完善教学过程，从而确保课程的高效运行。针对高职高专学生学习基础较弱以及注重实用性等特点，教师在选择古代文学教学内容时可以选择实用、有趣、有鲜明时代特征的文学进行授课。在讲授文学时，应该将有关的文学史的发展串联在讲课的内容中，将古代的文学盘根错节的文学现象和文学派别显现出来。教学过程中，要想让学生对古代文学产生一定的兴趣，一方面要持续拓展个人古代文学方面的知识面，确立毕生学习的理念，要格外留意和掌握古代文学方面所取得的成绩，使教学内容得到有效拓展，这就会让学生对古代文学更感兴趣；另一方面，可尝试带领学生对于古代文学相关知识多多关注，提高学生对古代文学的兴趣以及自主学习的能力。

高等教育中现代教育技术的应用研究与改革

随着科学技术的不断发展,教学手段与教学方法也要不断改变和革新,高职院校的古代文学课堂更要运用互联网平台以及新技术手段来提高教学效果,让中国的古代文化继续发扬光大,让国之经典不断传承流传。

(二)信息技术与大学语文课程整合案例

处于多媒体网络环境下大学语文教学工作,需要更多地使用信息技术构建一个新颖的教学模式,使得传统语文教学在教学模式方面的缺陷得到完整的弥补,使得语文学科所特有的人文性和工具性得以彰显,同时也使学生的人物素养和语文能力得到增强,进而更好地呈现出大学语文教学所特有的高效性。

1. 大学语文传统教学模式存在的问题

(1)教学方法

大学语文作为一门公共课程,长期以来的教学形式都是教师进行灌输式的知识传授,学生始终处于被动性的学习之中。在实际的课堂教学过程中,由于是公共课程,往往采取合班上课的形式,学生人数较多,教师无法顾及每一位学生的实际学习情况,很难在第一时间发现学生在课堂上睡觉、玩手机的现象。而且,传统教学基本上是通过教材、口述和演示PPT等方式,与学生之间缺少有效互动,致使学生仅仅是被动地抄写笔记或下载PPT,却没有依照具体的学习内容来拓展自己的思维,最后导致学生学习的兴趣直线下降,学习效果也就难以达到理想状态。

(2)课后监督指导

由于语文是一门长期、见效缓慢的学科,如若只是依靠课堂的教学,学生很难从中汲取全部的知识。并且大学语文的课时较少,学生面对大量的学习任务,根本无法保证对语文知识的吸收和记忆。加之专业课占据学生的大部门学习时间,所以这就需要学生在课后下功夫进行语文学习。但是由于大学学习的自主性较差,教师缺乏对学生的监督,导致学生出现了课前不准备、课后不复习的现象,尽管一些学生比较喜欢研究文学、语言等,可是缺少教师的课后指导,造成学生学习进度较慢,学习效果不明显的后果。

(3)考核体系

以往考核大学语文课程,所采用的大部分是笔试的考核模式,过于看重学生对于语文知识的掌握情况，缺少一个对整个语文学习过程所进行的考查。也就意味着，在这样还不是很健全的考核体系当中，学生为了获取一定的学分，很容易抄袭，难以检测出学生的真实语文水平和学习效果，更无法起到对学生语文学习的监测和监督作用。

2. 基于多媒体网络环境的新教学模式构建策略

（1）充分的课前准备工作

大学语文教学，基本是以文章鉴赏为主，涉及作者的生平事迹、写作背景等一些文史知识。因此，这就需要根据具体的课文内容，师生提前有一个充分的了解，方可为师生在课堂当中有效的互动提供有力保障，引导学生对于课文内容加以全方位理解，进而产生极好的教学效果。因为之前的师生仅仅通过工具书来查询相应的资料，不但会花费很长一段时间，还会致使其难以在较短的时间里得到所需的知识。

因此，在多媒体网络环境下的大学语文新模式构建，就可以积极运用网络中丰富的学习资源，这样教师可以在网络上收集相关的教案、内容等资料，学生也可以在网络上自主获取关于本节课的知识，实现有效性的自主预习学习。并且，相比传统的资料查询，互联网具有更加便捷、快速且高效的特点，为语文教师的完整备课提供了保障，有利于教师构建出高效率的语文课堂，尤其对一些有一定难度的文言文知识点，如《道德经》《郑伯克段于鄢》等，可以帮助学生更好的突破和学习。

（2）制作多媒体教学课件

在多媒体网络环境中，构建一个全新的大学语文模式，教师就需要把传统的教学方法融入信息技术，能够依照具体的教学内容，做出相关的多媒体教学课件，把当中的文本、音频、图像和视频融合为一个整体，创设出良好的语文教学情境，进一步刺激学生的视觉和听觉等感官系统，增强学生的直观感受和领悟能力，实现学生的高效性语文学习。如在讲解《论语·八佾》"八佾之舞于庭；是可忍，孰不可忍"时，借助多媒体教学设备，为学生播放电影《孔子》中的片段，让学生直观感受到那个环境下孔子的不满。这样，不仅能够将抽象复杂的内容变得更加生动形象，有利于学生的理解与感悟，还能激发起学生的兴趣和情感，增强语文教学的实效性。

同时，因为多媒体主要是一种通过音频、视频和图片进行教学的教学方式，只不过文学作品自身的语言、意境等因素，以及拓展出的想象空间是极为奇妙的，这些是那些生动有趣的课件所替代不了的。因此，语文教师在真实课堂当中，要尝试合理地使用多媒体设备来开展教学设计，更多地是引导学生对文本展开潜心深入的阅读，去自主领悟文本的思想情感。

(3) 搭建网络教学平台

作为大学公共课程之一的大学语文，虽说在课时方面有一定的限制，但语文学习毕竟是一个逐步成长的过程，需长时间的积累和准备，方可在后期实现厚积薄发。所以，在多媒体网络的环境下，就可以尝试创建一个仅属于大学语文的第二课堂，搭建一个开展网络教学的平台，进一步拓展学生的学习空间，充分调动学生学习语文的积极性，使得学生的学习质量得到有力的保障。同时，大学语文教学不仅局限于教材内的课文之中，还需要学生阅读更多的文章，所以，网络中丰富的学习资源能够拓展学生的知识面和文化视野，陶冶学生的人文情感和道德情操，有效地调动起学生对课外学习材料的学习兴趣，最终促进学生的语文综合素质能力水平的全面发展。

如在教学中，充分利用网络教学平台"超星学习通"，建立语文教学课程，并上传了大量和教学内容相关的学习资料、视频等，坚持以学为导的教学原则，引导学生在网络平台上获取知识，实现温故知新的效果；同时根据学生的实际语文水平、学习情况等，为学生设置不同层次的学习任务点、章节测试练习、主题讨论、阅读拓展、知识延伸等内容，逐步强化学生的语文学习能力。此外，教师可适当增加一些与创作相关的主题，带动学生积极分享个人的创作，使得学生的学习体验得以提高，教师借助于网络平台来实现对学生动态的了解，并在第一时间给出具有针对性的建议和指导，促使教师和学生之间有效的交流和沟通，切实弥补传统课堂的不足。

(4) 优化语文考核体系

大学语文作为一门基础语言知识的课程，集听、说、读、写四项技能于一体。而传统的大学语文教学考核，只是以笔试的形式，去检验学生的阅读和写作能力，让学生根据文章的阅读回答问题，并且围绕命题展开作文的创作，很多时候，一些语文知识只需要学生临时的记忆与背诵就能轻松应对，无法检测出学生的真实语文水平。

所以，在多媒体网络环境下，亟须不断优化和改进语文考核系统，使用计算机来获取海量的试题库，并把当中的试题划归为不同的等级，借助多媒体语言测试系统，实现对语文考试软件的深入研发。如在课堂教学当中，教师可依照教学的实际情况，以随机的方式来完成选人和抢答等，提高学生的兴趣；也可以进行随机考试，或听说能力的检测与考查。同时，通过积分的累积形式，将学生的考试成绩、日常的学习成绩相结合，注重对学生的语文学习过程评分，以便实现学生更好的自主学习。例如，教师可以要求学生通过在网络平台上积极参与相关活动，如课堂主题讨论、抢答等获取积分；在带有语言测试功能的软件上背诵文学作品获取积分等，这样将多种考核内容与笔试成绩充分融合，给予学生一个综合性的全面考察，最终确保大学语文新模式教学效果的有效提升。

在多媒体网络环境当中构建全新的大学语文教学模式，使得大学语文的教学手段更加多样化，有助于培养学生在人文方面的兴趣，使得学生的审美体验得以丰富，从本质上弥补了传统教学当中的各种弊端，促使教学形式和方式方法的创新得以实现，从而使学生高效学习语文得到有力的保障。通过语文教师积极借助多媒体网络信息技术，不断丰富大学语文教学的内容，拓展学生的语文学习空间，充分发挥出语文这门学科的工具性和人文性的特点，让学生的学习更加深入，帮助学生更好地突破抽象难懂的知识，确保学生的语文能力和人文素养的全面提升。

二、信息技术与外国文学课程整合案例

在开展外国文学教学过程中，如何调动学生学习的兴趣，进而体现出学生在学习过程中的积极性、主动性和创造性，在课时有限的情况下获取更多的信息量，对于学生的审美意识进行有效的培养正是课程改革的主要目标。信息技术则是达成这个目标最好的方式之一。所谓的信息技术教学指的是借助学科课程把信息技术与学科教学加以融合，将技术作为一种工具，提高教与学的效率，改善教与学的效果，从而改变传统的教学模式。

（一）信息技术在外国文学教学中应用的现状

随着信息技术的应用和发展，很多学校已经开始意识到，教学改革必

须开展多媒体教学，并力所能及地投入资金建设多媒体课室。但是，总体来说，信息技术在外国文学教学中的应用仍然存在着一些障碍，这些障碍集中体现在以下两个方面。

（1）通过思想观念层面来看，大部分人认为需要通过阅读众多的经典文献来学习外国文学，文字是课程的主要部分，而信息技术却派不上用场。这样的观点还是挺普遍的。还有一些人把信息技术在外国文学教学当中的应用看作是同时投影两张幻灯片，此种观念很难跟得上教育信息化发展的脚步和教学改革与课程建设方面的需要。运用信息技术制作多媒体课件，教师要投入大量的人力和物力，无形中增加了教师的工作量和工作难度。

（2）通过学校办学过程中指导方针来看，确实出现了重科研轻教学的现象。在教师工作量进行衡量的政策方面，学校对于教学采用信息技术来完成多媒体课件的制作、开展多媒体教学没有对应当的工作量进行计算，这就很容易打击教师通过信息技术开展多媒体教学改革的积极性。因为要完整地制作外国文学教学的多媒体课件，需要花费大量的时间，教师要全身心地投入制作多媒体课件。但按照学校计算工作量的方法，却没有工作量，得不到相应的福利和奖金，导致很多人认为，与其搞多媒体课件，不如写一篇论文，有名又有利。

（二）信息技术在外国文学教学中的地位和作用

高水平的多媒体课件既有学术性，又有观赏性，而且在实际教学中能发挥信息技术固有的优势和作用。

1. 作为教学的演示工具

作为演示工具的信息技术，在教学实践当中可以为学生在视觉方面供应一部分能够呈现真实现象、事件和故事的案例，进而发挥出良好的教学辅助作用。比如：通过投影仪投影的方式来展示教师在上课前所预备的教学资源，提纲挈领；通过使用闭路电视来播放外国的一些经典影片，比如《茶花女》《悲惨世界》《复活》等。这样的教学方式在传统教学的质和量上都有突破，教师不需要在黑板上大量板书，可节省时间讲解更多的教学内容，而且教学内容形式丰富多样，能增强学生学习外国文学的兴趣，提高教学效率。

2. 作为教学的交流工具

教师不但是给予知识的人，同时也是整个教学活动的组织者，在开展教学工作的过程中要对信息技术加以合理的使用，可以营造一个活跃的课堂氛围，实现参与者之间的交流互动。将莎士比亚作品当中相关章节的教学作为范例：在教学开始前，通过使用闭路电视来对它的代表作《哈姆雷特》等影像资料进行播放，等到学生对于这些有了特定的感性认识以后，再开始设计问题，如从《哈姆雷特》看莎士比亚戏剧创作的特色、复仇故事改变的异同、创作《哈姆雷特》的广阔复杂的时代背景、戏剧情节的生动性与丰富性、个性鲜明的人物形象、贴切生动的人物语言等。学生遨游于网络天地，丰富的网络给学生展示了莎士比亚众多的研究资料，学生通过自己的研究分析，思考的范围与深度大大突破了教师所期望的高度和广度。这是传统教学所无法达到的效果。

3. 作为教学的协作工具

学生在整个学习当中是具有无穷无尽的想象空间和求异能力的，教师应当因势利导，走出课本，看重知识的拓展，调动学生学习的积极性。作为开展协作式学习的工具——信息技术，能够为师生、同学之间进行交流互动搭建一个扎实的技术基础和良好的环境。在讲解希腊神话的时候，谈到米洛斯的维纳斯，同学们可能会质疑很多问题，如"维纳斯的复原方案""残缺与完美""我心目中的维纳斯"等。迎合学生的兴趣，可以把这一知识点作为一个课题组织学生进行协作式学习，利用互联网、图书馆去查找资料，并带着各自的研究成果展示交流、讨论评价，引导学生带着问题去思考、探究，学会与他人交流、合作，共同学习。教学实践表明，以问题解决式、任务驱动式为基本内容，运用信息技术开展协作式学习，能达到意想不到的良好教学效果，可以促进学生学习的自主性。在这里，信息技术成了学生获取信息、探索问题、协作讨论、解决问题的认知工具。

4. 语言和生活相联系，培养对语言现象的研究能力

语言时常是跟随社会进行变化的，我们可以透过语言的变化来对生活当中的各种奥秘进行探索，特别是一些与社会关系有着紧密连接的词语，这些可看作是社会生活的一面镜子。比如：公平竞争和优胜劣汰是市场经

济当中最为显著的特征,对于那些在市场环境中打拼的人而言,苦点累点都不算什么,最担忧的就是没有对等的机会,"竞争上岗"便应运而生,成为人才市场最通用的原则;"跳槽"一词最开始用的时候可能带有一点贬义色彩,但如今却转变为时尚的代名词,离职择业变得普遍常见。接下来,生活中涌现出众多的新词,它们汇聚的是社会前进的脚步,映射出百姓们的新生活。一些诸如"网虫""网吧""宽带"等网络新词表现出人们网络化的生活;"全职""兼职""钟点工""导播""礼仪小姐"等新词的背后,显示出人们择业及职业的多样化;"地价""房展""期房""物业""楼盘""楼市"等新词反映了房地产业的规范化;"双层大巴""空调大巴""旅游大巴""电动自行车""跑车""私家车"等新词说明了人们出行的便捷化;"高校扩招""社会办学""全面教育""终身教育""教育消费"等新词反映出教育的大众化。

新词的出现,意味着以往在生活方面比较拘谨的中国人当下不但对于"玩"越来越讲究,而且比较看重娱乐的个性化。众多新词的后面是一个不断改变的时代旋律,展现出人们富裕安定的新生活。因此,在语言教学工作当中,应当带领学生紧紧抓住新的语言信息,借助于语言来对社会生活加以关注,把语言学习和现实生活联系起来,培养学生对语言的敏锐感觉,并进而形成一定的语言研究能力。

(三)信息技术在外国文学教学中的应用

信息技术的快速发展,拓宽了外国文学教学内容,丰富了教学手段和方法,使各种视频资料为教学服务变成了可能和必要。

1. 运用电影资料

在外国文学教学中,时常会使用众多的电影资料。从古希腊罗马文学到 20 世纪的外国文学,大部分世界文学名著都被改编之后拍成电影。据不完全统计,在创作世界影片的过程中,每一年由世界文学作品改编而成的电影占据 40%。有的名著被多次改编、反复改编。这些改编的影片,利用得好便有助于学生更好地发现原著,学习原著,理解原著。如在讲授莎士比亚悲剧《罗密欧与朱丽叶》时,可以将它与四部电影改编结合起来进行分析。一是意大利导演卡斯特拉尼于 1954 年执导的古装片《罗密欧与朱丽叶》;二是美国导演巴兹雷曼于 1997 导演的现代片《罗密欧与朱丽叶

——后现代激情篇；三是苏联作曲家普罗科菲耶夫于1935年编排的芭蕾舞片《罗密欧与朱丽叶》；四是1962年由来自于美国的导演罗伯特所执导的名为《西城故事》的歌舞片。当中插入了四部经过改编的影片段落，并不是单单只为了欣赏，而是想要透过播放视频，理解《罗密欧与朱丽叶》多次被改编的核心要素是爱情、暴力和死亡。而且这三种要素在当代的影片当中越发显著，呈现的是跨时代的主题意义和全人类所关注的普遍现象，引人深思。

2. 运用西方美术资料

西方美术从古希腊的雕塑、神庙建筑、绘画，一开始就与文学建立了密切的联系。外国文学作家作品成为美术创作的题材，美术技法直接影响了文学创作。如文学的现实主义、自然主义思潮源于美术的写实主义。运用信息技术把西方美术作品展现在课堂教学中，不仅能让学生观赏到西方美术作品，同时也能够帮助学生理解文学作品的描写技巧。将英国作家哈代在作品中所塑造的人物作为例证，在哈代小说当中人物关系一般都呈现为三角关系，也就是两个男人与一个女人或两个女人与一个男人之间的情感纠葛。正是在这样的情感纠缠当中，使得每个人物都成为自然激情的代表，依次呈现为灵性、肉性和灵肉性。哈代曾在笔记当中这样写道："在波提切利的画作当中，灵魂呈现在肉体的外面，以它的感情渗透它的观众。在鲁本斯的画里，肉感显露在外面，没有精神成分，灵魂可能隐藏在里面。在后者的画里，肉的香味是能感觉到的。"这说明哈代对绘画艺术具有深刻的研究和透彻的了解，并且深受其影响。

在外国文学教学中讲到哈代以绘画的手法塑造人物时，可利用投影仪在教学中放映波提切利的作品《春》《维纳斯的诞生》和鲁本斯的《劫夺留基伯的女儿》。让学生在绘画欣赏中，对文学的描写有了形象的理解，同时又增加了西方美术知识。

3. 运用西方音乐、歌剧资料

西方现代音乐源自中世纪宗教音乐，西方歌剧诞生于文艺复兴时期，它最初的原型来自于古希腊悲剧的合唱队。大部分西方古典音乐和歌剧都会以录像的方式制作成纪录片，成为研究外国文学教学的珍贵资料。比如，音乐指挥穆提多年以来进行的演出计划——《圣母美术与圣乐系列》。他指挥的裴高累西《圣母悼歌》选择在意大利索拉诺市的圣母庇护教堂演

171

奏。这个教堂的最大特色是墙上绘有文艺复兴时期画家费拉里于1509—1530年间绘的湿壁画，规模宏大，色彩艳丽，动人心魄。在讲述文艺复兴文学的文化背景时，插播《圣母悼歌》，不仅要让学生聆听宗教音乐，理解宗教音乐的庄严神圣，而且要引导学生逐步走进16世纪的文化环境中，切实感受文艺复兴时期的文化底蕴，看到在文献当中多次被讨论的源于500年前的湿壁画作品。借助于西方音乐、歌剧的资源来开展外国文化教学，好使音乐经典、歌剧经典和文学经典可以互相影响，凸显文学在艺术当中所占据的重要地位。

4. 运用西方历史文化资料

文学现象通常在一个特定的历史文化环境中诞生。开展外国文学教学的时候，一定会关联到文学现象背后的历史文化背景。唯有把文学放置于广阔的历史文化背景当中进行分析，才能为学生深层次了解文学现象诞生的原因和文化底蕴提供相应的帮助。有关外国文学的历史文化资料还是极为丰富的，有根据考古发掘、世界文化遗产、名胜古迹制作的影视片，如《探索频道》系列片《失落的文明》系列片、BBC系列片等，能帮助我们认识从远古到当代的文化现象。海盗是与航海业相伴而生的，它和商业密切联系。从古代到文艺复兴时期，海盗活动十分频繁，地理大发现蕴涵着海上掠夺的海盗精神。讲授中世纪文学和文艺复兴文学，不可避免地要讲到海盗现象。16世纪英国女王伊丽莎白联合海盗，打败西班牙无敌舰队，这是莎士比亚历史剧的创作背景，要插播纪录片《海盗》的有关段落，展示有关北欧海盗掠夺的图片，学生对这段历史便有了立体的认识。

5. 运用中国文化资料

中国文化具有深厚的底蕴，在课堂上教授外国文学的时候，可以尝试利用一些信息对中西方的文化进行比较。中西文化可以作为彼此的"灯塔"，来照亮彼此，从而引导学生深入了解中西方文学文化背景和文学特点方面的不同之处。比如，中西文学传统小说在情节结构的设定方面有着很明显的不同。西方文学注重在时间流程当中来设定故事情节；中国文学重视在空间结构安排故事的场景变化。讲授哈代小说故事情节发生在路上，以路衔接情节，可以比较《红楼梦》的故事发生在庭园，以门为连接各个场景和整个情节的媒介。《红楼梦》全书关于门的指称有30余种，与门有关的动作词语有 40 余种，省去"门"字的进出词语有 150 余种等。插播《苔丝》和《红楼梦》的视频段落，哈代"路"与红楼"门"所表现的中西两种小说不同的叙事视角一目了然。中西文学与文化的视觉资源的利用，是一种跨文化的联系，把整个文学都纳入世界文学的格局进行考察，文化交流与文化融合才能得到实现。

三、慕课教学模式与信息化教学的结合

（一）"慕课在线教育新模式"背景

1978 年，电化教育手段的应用拉开中国教育信息化发展的序幕。2001 年，"网络公开课"兴起"精品课程"开展建设。2012 年，翻转课堂、微课、慕课从循序渐进到快速发展，中国教育信息化在互联网、移动互联网的带动下，传统教育在探索在线教育的最佳模式。教师教学手段在经历纸质教学、计算机辅助、PPT 课件、网络视频教学的变革时，慕课作为其中一个重要概念，成为在线教育新模式。教育的公平性、知识的开放性通过慕课（MOOC）这种新式教育的教学平台展现开来。

慕课的主要特征：（1）开放。任何人不分年龄、性别、学段、地域都可以免费参与慕课的网络课程平台学习，对学习者没有任何门槛和规定。全世界的人只要家中有电脑，就可以利用网络资源进行课程学习。（2）大规模。不是个人发布的一两门课程"大规模网络开放课程"（MOOC），是指那些由参与者发布的课程，只有这些课程是大型的或者叫大规模的，它才是典型的慕课。（3）课程要素完整。慕课的课程中包括了学习目标的清单、时间安排、教学视频、课程指南、学习活动、练习和作业、学习评价、学习成果证明等。（4）注重交流与互动。包括学习者与网络资源的交互、教师与网络资源的交互、教师与学生的交互，以及学习者之间的交互。从信息化教学与慕课的特征上分析，两者都强调学生是学习的主体，信息化教学强调的是课程教学中所采用的手段，而慕课表面上是信息化教学手段的一种，但是在实际运用中它却超越了传统信息化教学的范畴。

(二)"慕课在线教育新模式"下的教学重构

1. "慕课在线教育新模式"的实质

慕课建立在教案、PPT课件、微课建设基础之上,只做一个点的微课不能够称为慕课建设,慕课首先要对课程做整体分析,再对每一个项目进行精心策划制作。它的实质是"接受性学习"而非"探究性学习",是以教室、教师、教材为中心的传统教育模式转变为以学生、问题、活动为中心的能力培养模式。它是实体课堂教学的补充,适合教师在备课时借鉴学习、适合转化学习困难的学生、适合学生的课后复习、适合缺课学生补课和异地学习、适合假期学生自学。因此,慕课在线教育新模式不再只是呈现、接收、反馈学习过程,而是全新的认知学习过程。

2. "慕课在线教育新模式"下的教学重构

我们要明确一个问题:什么是学生的学习质量?如果学生的学习质量只是知识问题,那就不需要教育信息化,中国传统教育教授知识通过教师讲、学生听的方式就可以有效实现。当学生的合作能力、语言表达能力等也成为学习质量评价标准时,传统教学模式就必须改变。教育发展是融合创新,传统教育和信息化教育优势互补,教育信息化推动了教与学的"双重革命",突破"时空限制",汇聚了"海量知识资源",与传统的课程相比,网络课程学习不仅仅包含着教学方式的根本变化,其背后更多的还隐藏着基于信息技术生存环境下的传统教学概念体系和理论体系的重构。

(三)"慕课在线教育新模式"提升教师信息化教学能力的探讨

教育信息化变革、教师教学模式和方法的改革、教师综合能力的提升,重在及时更新理念。从个体角度看,当今教育中的教师是什么样的?教师不仅要备好课、教好学,还要熟悉网上信息平台,会制作微课视频,兼备艺术修养。教师要树立终身学习的意识,具备自学能力、反思能力、评价能力;从群体角度看,教师还需要具备协作能力、交互能力等,促进信息化与学科教学相融合。这些要求恰恰也是MOOC时代所倡导的教学观。

教师教学能力发展提升的阶段性特征是:迷茫—准备—模仿—积累—

发展—熟练。从积累、发展阶段转向熟练阶段是整个教育信息化推进的难点。当前教师教学能力发展提升存在的最大问题是教学能力的迁移。教师通常通过短期集中培训、远程培训和专家引领来发展提升自己的教学能力，但许多学校在教师培训上投入开支大，收效却并不高，主要原因就是培训知识没有迁移为实际教学技能。那么，怎样引领教师真正向提升教学能力方面迁移呢？

理性认识慕课在线课程的建设不是为了建设而建设，怎么推广？怎么实施？学校要在实践中找到抓手。慕课本质上是一种应用现代科技实施教学的辅助工具和手段，教学理念的优化和创新才是核心。开发出更多方便快捷的制作软件及设备，将最新的教学设计和教学创意方便快捷、生动形象地制作并呈现在学生面前，恰到好处地插入与课程知识点相关的图片、动画、游戏、作业模块，将对整个课程的制作起到极大的提升作用。建立慕课资源供给平台具有重要意义。在新的教学标准体系和课程体系构建完成后，就做好课程开发和网络课程建设，创建良好的校园信息化硬件环境，在全校范围内进行教学资源共享，才能够使教育教学保持先进性。可以为教师提供的教学资源包括教案、教学 PPT、动画演示课件、案例集、微课集、习题库、试题库、学习评估系统、企业专家资源库等。在制定相关政策时，让教师充分表达想法与见解，并尽可能地予以考虑与采纳，减少教师在专业工作中出现的"无力感"和实现教师角色调整最终目的是一个值得发展的方向。

1. 网络协同混合式教学设计

线上视频线下系统化的面授相结合，是一种非常有效的学习方法。优化的课堂教学设计应该是 20%的讲授，80%的任务、作业、讨论、实践、互评、竞技。强化学生参与课堂设计，弱化知识传授部分的课堂讲解。慕课符合注意力认知规律，优秀教师团队精心制作的内容生动形象，精雕细琢，易激发学生兴趣。讲课视频重复播放，不同程度学生根据情况自行有效学习。同时，可引入"内嵌式"测试功能，各单元时间点自动弹出测验题，根据学生反馈调整评价标准，及时发现教学存在的问题。利用小段闲暇即可开展碎片化学习，拓展学习方式的时空界限，且学习内容开放，海量教学视频充分满足学生求知欲，方便学生在更广的领域进行学习。

面对面言传身教的好处在于营造一个相互建构的氛围，教师协同指导完成作业，参与学生讨论，带动学生们互相反馈和启发，线下测试，综合考核评价。教师从单纯知识的传授者转变成为学习的引领者，教学生怎样进行知识构建，并能够有效地帮助线上吸收和转化率不高的学生巩固和强化所学。职业教育院校专业教学由于面向实用技术，课堂内容往往落后一线的技术，教师应了解现代企业资料和最新的发展动态，针对性地利用网络实现"实时通话""实时视频"，把最新的技术带入课堂，真正利用信息技术创建新型教学模式。

混合式教学设计以网络教学平台、教学空间为依托，共同设计、共同教学、共同研讨，教师和同事讨论改进教学方法，参与集体备课活动和观摩课，促进教师教学质量的共同提升，共同优化教学形成教学经验，实现优质资源、优质课程共享。学生能够在日常学习和生活中提出不一样的想法，自主探索能力得到了培养，师生关系更为融洽、更加信任。

2. 充分利用手机做课堂互动工具

与其时刻防着学生玩手机，不如将每个学生的手机作为课堂的互动工具，尝试变化课堂教学模式。许多学生慕课在线实际应用时会面临一些困难，可以计划结合手机进行混合式学习项目。教师通过微信公众号开课，发送课程信息、布置作业、实时反馈、弹幕互动、运用小程序发起投票等全新的课堂互动方式；班级微信群、推屏、上墙等这些学生生活中更容易接受的交流方式可以直观、高效地促进师生间的实时沟通，教学资源快捷传送到学生端，督促学生在线预习，为学生营造一个持续整合学习体验；教学过程透明化，教师可以了解每一位学生的学习情况；教学管理数据化，教学过程的记录为教学管理和教学评估提供了数据支撑。

（四）努力的方向

MOOC 的兴起，高校教育融合多元学习模式，重新定义了学校，重新定义了教师，也重新定义了学生。作为新时期的教师群体，在专业发展过程中也存在自我定位不清、缺乏专业引领等的问题。MOOC 带给教师信息化教学能力的挑战包括：一是亟须提升与时俱进专业知识的能力，更新教学理念；二是积极改变和学生的互动模式，学习互联网时代在线互动技巧，关注小组协作学习；三是变革教学评价方式，注重评价的量化指标和多元化过程性评价；四是提升社交媒体、工具、资源的使用技能，勇于发表个性观点，积极推荐分享知识；五是增强网络课程资源建设工作。在专业化进程中，教师不仅要依靠自身的努力获得专业方面的完善，还要建设专业共同体来促使整个教师队伍的专业化。结合 MOOC 模式以教师为中心的、自下而上的专业成长途径，发展将是一个长期、艰巨、渐进的过程，期待在内部赋力和外部赋权方面促进其专业成长。

未来的学习模式，比如线上构建学习、自组织学习、多路径学习、生产者学习、自适应学习、互动游戏学习、数形结合、视界转换增强现实、探究建模、跨时空协作……都是慕课很好的方式。应积极探索开放课程背景下的教学方法与教学模式改革，充分发挥信息技术在课堂教学中的作用，增强教学效果，有效提升教师专业素养和教学能力，促进信息化与课堂教学紧密融合，为教师教学经验交流和教学风采展示提供平台。总之，适应教育信息化的飞速发展，值得每个教育工作者不断探索和思考。

综上所述，在信息技术与网络教学的高科技时代，信息化教学与慕课两者相辅相成，作为新的教学模式，它为传统教育教学的改革提供了新的思路，同时也为它们提出了新的问题。信息化教学作为一种强有力的教学手段，联手慕课这一新兴教学模式服务于学校教育并且辐射社会的发展趋势也日益显现。在信息化教学环境下，合理运用慕课进行教学，使得整个课程更具有交互性、情境化和共享性，使教的手段更加丰富，学的方法更加新颖、多样，有利于充分调动教与学双方的积极性和创造性。而学生参与意识的加强，使学习变得主动。克服了传统课堂教学的刻板与沉闷，学习的氛围也变得轻松、活泼起来。传统教学的交流限于师生之间，交流方式限于语言交流，而信息化的慕课教学则打破时空界限，所有上网的教学参与者之间都可以进行交流，交流的形式除了语言，还有文件、数据、图表、图形、图像，为深入广泛的交流提供了丰富的方法和渠道。学生应该积极抓住这一大好时机，以慕课为平台，尽早适应这种新的学习方式。教师应认清并顺应这一趋势和由此所带来的挑战，从学生学习出现的新特点和规律出发，利用网络平台资源，研究教学内容，改善教学方法，结合学生实际情况，反思在教学中出现的问题并加以改进，做一名顺应和引领潮流的信息化慕课时代教师。

第六章 现代高等教育技术的发展趋势

现如今，高等教育领域中教育技术的应用越来越广泛，而且一直会有一些全新的教育技术被应用于高等教育事业，如目前的数字媒体技术和移动技术等。在这以后，如何把一些新的教育技术更好地在高等教育领域中加以应用，并促使新的教育技术能在其中发挥最大的作用，将会成为高等教育领域持续研究的一个重要课题。

第一节 应用、整合与共享数字化学习资源

数字化学习要想得到有效开展，必须以数字化学习资源为支撑。此处所说的数字化学习资源，指的是"历经数字化处理以后，通过数字化的形式进行存储、传播并借助于现代信息技术手段在学习过程中加以应用的各种信息资源"。相比传统的学习资源，数字化学习资源的特点包括多媒体化、实效性、交互性、开放性、非线性等，有助于人们在学习上得到更好的效果。

一、数字化学习资源的应用

在教育资源发展史上，数字化学习资源的出现是不容忽视的一个现象。它不仅使学习资源得到更加快速和高效地传播，而且使学习活动的开展有了海量的资源支持和广泛的选择空间。因此，数字化学习资源在当前的运用越来越广泛。在这里，将着重阐述数字化学习资源在课堂教学中的

应用。

（一）数字化学习资源在课堂教学中应用的历程

从 20 世纪 60 年代初开始，数字化学习资源才正式走进课堂教学，该时期的数字化学习资源进入方式是把纯粹的电子化内容作为传统书本、板书的代替者。除此以外，这个时期的数字化学习资源还通过"教师"的形式呈现在课堂教学当中，关键之处在于满足教师教学方面的需要。总体来说，这一时期数字化学习资源在课堂教学中的应用，深受教师和学生的喜欢。

在进入 20 世纪 80 年代中后期后，数字化学习资源不再仅仅重视满足教师的教学需要，而是更为重视满足学生的学习需求。因此，这一时期的数字化学习资源在课堂教学中主要是以课程计划、辅导材料等形式出现的。

时至 20 世纪 90 年代中后期，学习资源的数字化进程呈现出全新的变化，它在课堂教学当中的应用展现出新局面。具体而言，该时期的数字化学习资源看重的是把教学内容与教学策略进行融合，在创建资源的过程中，着重要加以考虑的是可能会用到的课堂情境，对于教师、学生的特点加以考虑，还要对如何调动学生的积极性加以考虑，注重教学策略的设计，注重与教学方式的配合。同时，数字化学习资源在这一时期既是学习者的学习内容，也是其认知建构工具的组成部分。因此，在课堂教学中，数字化学习资源的应用越来越广泛。

进入 21 世纪以后，由于虚拟现实技术、普适计算、多媒体终端显示系统都得到了一定的发展，促使在课堂中开始更加广泛的应用数字化学习资源。同时，它在课堂教学当中应用主要体现在以学习者为核心的学习策略，并看重与课堂环境的融合。具体来说，在课堂教学中，数字化学习资源要和其他形式的学习资源互为补充、配合，发挥各自媒体的优势，共同构建教学内容；要配合教学模式的选择、教学策略的使用，整体上和课堂教学的设置安排步调一致；要配合教师的讲授和学生的学习，充分彰显以人为本、"教师主导—学生主体"的教学结构；要和整体的课堂大环境、信息技术大环境相融合，数字化学习资源属于整个大环境当中的构成部分，它自身所处的地位十分关键和特殊，只不过整体上还是要跟随大环境运转，与大环境的循环保持同步。唯有经过深层次的整合，方可使技术成为师生下意识的选择，数字化学习资源的效能才能得到真正发挥。

（二）数字化学习资源在课堂教学中应用的方式

数字化学习资源在课堂教学中有着多样化的应用方式，但不论哪种应用方式，都必须立足于课堂实际环境的需要，并要对各种教学要素进行充分考虑。

1. 对教学内容进行展示

在课堂教学中，教学内容的展示既可以借助于数字化学习资源，也可以借助于非数字化学习资源。通常来说，在课堂教学中，数字化学习资源可以作为教师讲授知识点、演示、实验项目等内容的展示，而展示的具体形式有教学课件、音频、视频等。不过，数字化学习资源作为教学内容的展示，难以充分发挥其深层次的优势。

2. 对学习情境进行创设

针对创设学习情境方面，数字化学习资源具备先天优势。数字化学习资源在技术方面的优势包括形象生动、现实模拟等，可以使整个学习情境与真实环境更为相似，从而使学生参与学习的兴趣和积极性得到有效提高。此外，借助数字化学习资源对学习情境进行创设，可以启迪学生进行更深层次的思考，从而有效提高学生的知识及认知目标和情感目标要求的学习方式。通常来说，探究性学习是由五个环节构成的（图6-1-1）。

通过分析探究性学习的各个环节，不难看出，在该学习当中发挥重要作用的是数字化学习资源。比如，处于"创设情境"阶段时，教学主题可以通过自然的方式导入数字化学习资源，进而更好地提升学生学习的兴趣和学习的欲望。又比如，处于"自主探究"阶段时，学生可以借助数字化学习资源具有的收集、整理和加工，可以更好地认知与理解当前所学的知识；在"协作交流"阶段，学习资源与学习成果可以转化成数字化资源，以更方便地进行交流与存储等。因此，在探究性学习中，若是缺少了数字化学习资源的参与，其效果会大打折扣。

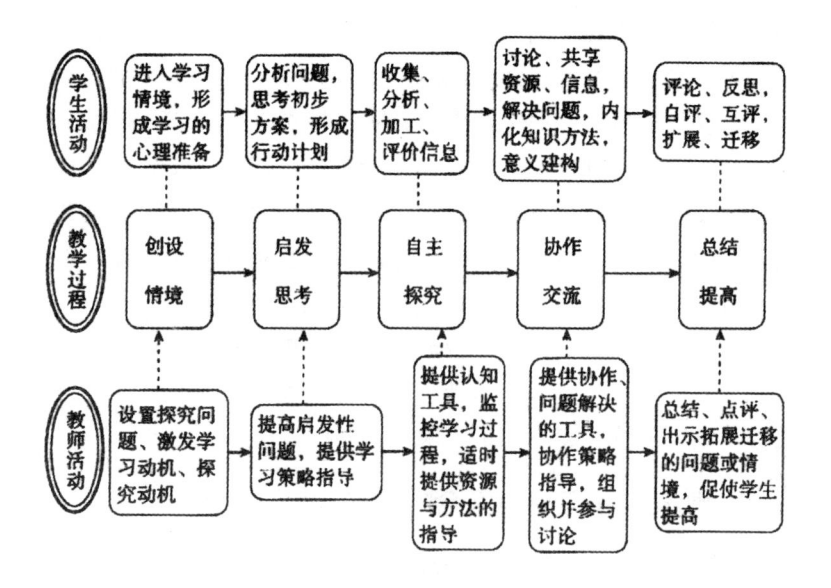

图 6-1-1 探究性学习的五个环节

二、数字化学习资源的整合

最近几年,国内在建设数字化学习资源方面已经取得丰硕的成果,但还是会暴露出一些问题,如数字化学习资源的建设在理念指导方面缺乏深度、数字化学习资源的使用率不是很高、数字化学习资源有效性有待提高等。今后,为了更科学地建设数字化学习资源,对数字化学习资源进行更充分、合理、有效的利用,必须对数字化学习资源进行有效的整合。

(一)数字化学习资源整合的内涵

整合原本是遗传学中的一个概念,指的是将一段 DNA 分子插入基因组 DNA 的重组过程。后来,整合的概念被引入多个领域,包括信息技术领域。信息技术领域的整合指的是把零散的东西通过某种方式彼此衔接、重组、集成,从而实现信息系统的资源共享和协同工作,获得最大化价值。

所谓数字化学习资源整合,就是以系统论和学习理论作为指导,系统、多层面、全方位地整合影响数字化学习的各种因素,把那些在物理层面和逻辑层面上处于独立的、自主的、异构的、分布的，同时在分类、层次和形式方面都不一样的资源依据相应的整合规范、技术标准、呈现方式等原则进行科学地融合、类聚和重组。同时把整合的数字资源纳入统一的信息服务体系中，做到资源与服务的无缝结合，实现一步到位的检索，使用户能够方便快速地利用资源，获得高效、个性化的知识服务，并在此基础上构建一个立体化、科学完整、动态高效的数字化学习体系，形成一个新的、富有效率的有机整体。

在对数字化学习资源进行整合时，不能简单地对各构件进行叠加，而且必须以原有的系统、资源为基础进行整合，以确保整合后的数字化学习资源能够得到不断优化，继而最大限度地发挥效益。

（二）数字化学习资源整合的层次

数字化学习资源的整合主要包括两个层次，即资源目录整合与资源实体整合。

1. 资源目录整合

资源目录整合指的是以一定的标准为依据，对资源的基本信息进行收集，包括标题、作者、来源等。

（1）资源目录整合的方式。在当前，常用的资源目录整合方式主要有以下几种。

第一，人工整合，也就是通过人工的方式来收集数字化学习资源并借助于编目软件完成信息整理，对与资源相关的关键信息加以描述，也就意味着需要进行教育资源元数据编码。但是人工整合的工作效率不是很高，所以它主要应用于具有针对性、较强目的性的小范围内所进行的内容整合。

第二，机器整合，即利用专门的资源采集工具，定期、定向对网络资源进行收集、整理。机器整合有着较高的工作效率，因而十分适合大范围的资源目标收集工作。

第三，人机结合整合，也就是把前面提到的两种整合方式进行一定的融合。在采用该方式来整合资源目录时，需要先使用工具软件，并要对网上自动漫游、自动跟踪、自动分类和自动标引技术加以充分利用，从而有针对性地收集网络数据资源，提取资源当中的元数据信息，并对收集到的资源元数据进行规范描述后存放到数据库,以实现不同类型的检索查询,同时创建资源信息页面。之后,就要利用人工严格地审查工具软件定期收集的资源,以保证所收集的数据具有较高的质量。在进行资源目录整合时,运用人机结合整合这一方式,不仅能够大大提高资源目录整合的效率,还能够有效确保资源目录整合的质量。

(2)资源目录整合的内容。在进行资源目录整合时,必须包括资源内容、适用对象、获取路径和使用目的等相关内容。

2. 资源实体整合

所谓资源实体整合,指的是通过资源目录信息的整合作为基础,来整合各类资源,这些资源主要包括文本、音频、视频动画等。在整合资源实体时,需要按照特定的步骤,具体如下。

第一,进行媒体资源技术检测。这是进行媒体资源整合的重要基础,能够确保整合的资源实体符合一定的技术要求。

第二,对媒体资源进行拆分。为增加资源被重用的机会,入库资源须拆分至章或章以下的层次(如"节")。非学历教育资源拆分到知识点层次。拆分后的资源按照严格的、统一的标准重新命名、编目。

第三,加工与转换媒体资源。这是将不符合要求的资源按照统一的格式、技术标准进行加工或转换,使之符合资源整合的技术标准。

三、数字化学习资源的共享

数字化学习资源的共享能够大幅提高数字化学习资源的利用效率,进而使各方面的需要得到满足。与此同时,数字化学习资源的共享对于教育的持续发展、实现教育公平以及构建学习型社会发挥着极为重要的推动作用。所以,在构建数字化学习资源的整个过程中,一定要对数字化学习资源的功效给予足够的重视。

(一)数字化学习资源共享的理论基础

数字化学习资源共享的理论基础,具体来说有以下几个。

第一,建构主义学习理论、数字化学习等远程教育领域的相关理论都明确指出,在学习过程中,数字化学习资源有着十分重要的地位。同时,这些理论也进一步指出对数字化学习资源进行建设的要求。

第二，经济学理论，展现出资源共享的经济学本质，也就是凭借着合理、有效的资源进行配置，能够大幅提升资源的利用率和效益。

第三，从图书馆信息资源所共享的"拥有与获取理论"看来，共享信息资源，从本质层面来看是为了实现互惠。

第四，知识共享理论认为，知识共享从本质上来说是一种知识交易，而且这一交易的参与者都能从中获得好处。

（二）数字化学习资源共享的影响因素

数字化学习资源的共享会受到多个因素的制约，其中较为重要的有以下几个。

1. 技术因素

要想实现数字化学习资源的共享，一定要借助特定的技术手段。一般看来，在对数字化学习资源进行开发、存储、管理和应用的时候，对共享的实现发挥着关键作用的是资源技术标准、Web 服务、检索。在此，资源技术标准包含开发软件标准，会对开发后的数字化学习资源在应用当中能否实现兼容产生一定的影响；存储标准，影响着数字化学习资源能否被快速、准确地检索；组织结构，即数字化学习资源相互关联与组织的形式，对于数字化学习资源的共享应用效率有着直接的影响。Web 服务是集成网络异构环境下各种教育资源和教育平台的首选方案。而要不断提高 Web 服务的质量，就要积极发展 Web 服务技术。检索会对数字化学习资源的收集效率产生一定的影响，在目前这个数字化教育资源持续地进行建设、数据库容量不断得以拓展的情况下，如何在这个庞大的资源库当中精准地查询到个人所需要的资源，成为大多数人所关心的问题。此外，根据数字化学习资源库真实的需要，选择适用的检索技术，对于数字化学习资源库服务质量的提升发挥着重要的作用。

2. 内容因素

影响数字化学习资源共享的内容因素，又具体包括以下几个方面。

第一，数字化学习资源内容的适用性，即数字化学习资源的提供方所提供的资源与使用者需求是否吻合以及吻合的程度。

第二，数字化学习资源的丰富程度，即是否有充足的数量、是否有多样化的类型、能否满足不同用户的资源需求。

第三，数字化学习资源的质量，也就是数字化学习是否符合学生的学习特点，是否可以帮助学生进行自学和交互学习。

第四，数字化学习资源内容的可重组性，也就是数字化学习资源的组织架构是否可以把使用者的真实需要作为依据，灵活地进行拆分、调整和修改，从而满足使用者的需要。

第五，数字化学习资源的技术制作，即是否用适当的媒体形式对适当的教学内容进行表现，并能切实遵循各种形式资源的开发规律。

第六，数字化学习资源的动态性，即数字化学习资源是否能及时进行更新、数字化学习资源的建设者是否愿意进行更新，并对更新后的资源进行共享等。

3. 文化因素

在影响数字化学习资源共享的因素中，文化因素也不容忽视，而且文化因素的影响是潜在的、根深蒂固的。具体来说，影响数字化学习资源共享的文化因素就是数字资源共建共享过程中的各种复杂关系，包括社会制度、社会传统、社会观念、管理等方面。比如，各个不同的高校因为各自发展的侧重点、地理位置、办学理念等方面的不同，导致教育教学资源的共享程度也会不一样。又比如，不同地区因为经济、文化的发展不一样，来自学生的需求也就不一样。这些对于学习资源的配置方式起到决定性作用，也对学习资源的共享策略起到一定的决定作用。

4. 利益因素

数字化学习资源的共享，从实质上来说就是进行利益的交换。事实上，不论是进行数字化学习资源共享机制的设计，还是要实现数字化学习资源共享机制，都必须以利益为核心，也就意味着利益互惠是共享得以实现的重要保证。具体来说，对数字化学习资源共享形成影响的利益因素主要包括：资源前期的投入成本、共享机制、共享范围、物质收益、资源相关度、知识独享效用、资源使用成本、共享平台所供应的精神奖励和培养人力资源等。

第二节 创建数字化学习环境

当前,数字化学习被越来越多的人所认可与接受。而要促进数字化学习的有效实现,必须创建良好的数字化学习环境。

一、数字化学习环境的概念

所谓数字化学习环境,简单来说就是指学习者通过使用数字化资源来进行学习的具体情境。具体而言,数字化学习环境指的是把课堂学习与网络平台(该网络平台的开发是把信息技术手段作为基础,并可以开展有意义的学习)进行有机集合的混合式的学习环境,是在时空上对课堂学习环境进行拓展与延伸,既要对课堂学习环境和虚拟学习环境各个要素之间的制约与联动进行兼顾,又要对学习活动中虚拟学习环境所具有的支持作用进行充分考虑,以确保学习者能够有效地解决自己在学习过程中所遇到的问题,并能通过与其他学习者的交流与合作,帮助自己更好地进行有意义的学习。

深入分析数字化学习环境的这一概念,可以发现其包含着以下几方面的内涵。

第一,数字化学习环境从本质上来说,就是一个物质环境。但是,它又与相传统的学校物理环境有所不同。具体来说,数字化学习环境是以计算机技术为基础发展起来的一个虚拟环境,主要是通过软件系统进行呈现。

第二,为了对探究式教学模式、协作式教学模式以及传统教学模式等不同的教学模式进行有效支持,数字化学习环境中必须要包含多种技术系统。

第三,数字化学习环境并不是指一个包含学习内容和学习活动的学习情境,而是指一个在信息技术作为基础所创建的学习空间,而且该学习空间需要教师(或者是教学设计人员)通过教学设计来进行构建。

第四，数字化学习环境的参与者有很多，包括进行教学的教师，借助于数字化学习环境进行学习的学生，预先设置教学内容和教学活动、为学习过程提供支持与协助的教学设计人员，对教学过程性监督、控制与管理的教学管理者、对教学结果进行分析与评价的教学评价者等。

第五，数字化学习环境作为一套软件系统，较为复杂。要想这一软件系统发挥充分的作用，需要不断对其体系架构和开发技术进行深入的研究。

二、数字化学习环境的创建

（一）数字化学习环境创建的前提

数字化学习环境创建的前提，具体来说有以下几个。

1. 分析数字化学习环境创建机构的现状

在分析数字化学习环境创建机构的现状时，可具体从以下几方面着手。

第一，机构的组织结构。以大学作为例子，会对创建数字化学习环境产生直接影响的部门包括三类，它们分别是：一是教务处等教学行政管理部门；二是教育技术中心等技术支持部门；三是大学中的学院和各个系部。所以，在分析大学的组织结构时，首先就是要确认上面提到的三类部门是否创建了信息化协调配合机制，以及这三类部门的组织结构是否能够对信息化工作进行有效适应。

第二，机构的人员素质。在对机构的人员素质进行分析时，既需要涉及机构的技术与管理人员，也要涉及学科教师。

第三，结构的信息化基础。一般而言，衡量机构的信息化基础主要借助于两个方面：一是硬件基础，如是否已经搭建比较完善的校园网硬件基础设施，是否可以开展大规模的网络教学；二是软件基础，比如正在使用的教学应用软件和其他相关软件是否与将要搭建的数字化学习环境有着紧密关系。

2. 制定项目目标和需求规划

在创建数字化学习环境前，需要创建机构在充分考量各方面因素的基础上，制定项目目标和需求规划。需要注意的是，制定的项目目标和需求规划要有短期、中期和长期之分，并要进一步明确该规划与其他相关规划的关系与整合问题。

3. 明确信息化项目的建设方式

一般而言，信息化项目的建设方式主要有三种，它们是结构自主开发、购置现有的软件、与校外机构进行合作来完成项目化的定制。在构建数字化学习环境的时候，不论使用的是哪种建设方式，都一定要高效地利用技术力量，并要留意做好工作计划的协调，安排好具体进度，以便收到良好的建设成果。

4. 做好项目的资金预算和时间安排

在以上三方面分析的基础上，要初步提出项目的资金预算，并进行初步的时间估算。

（二）数字化学习环境的内容创建

在创建数字化学习环境的内容时，必须要包括以下两方面的内容。

1. 数字化学习环境的总体结构

数字化学习环境的总体结构主要包括两方面的内容，即教育学框架和技术架构。

（1）教育学框架。系统的教育学框架主要是由结构的教学组织形式和教学模式搭建而成的，在分析系统当中所包含的有主要成分以及各个成分之间的关系（系统结构），由低层到高层划分为三个层次。在这当中，教学事务管理层位于最底层；再往上的中间层则是由围绕学科课程和非学科课程形式当中的教学项目的系统所构成（含有通用教学系统和研究型学习系统）；最高层系统不支持师生的日常教学活动，但其对外展示和共享的教学成果和教学资源都是从最底层和中间层获得的。

（2）技术架构。在数字化学习环境的总体结构中，技术框架也是不容忽视的一个方面。进行数字化学习环境的技术架构构建可以使数字化学习环境教育学框架描述的教学功能转换为软件系统，最终使数字化学习环境得到真正创建。此外，在构建数字化学习环境的技术架构时，需要包括以下几个层次。

第一，基础设施层，主要是由网络和计算机硬件以及管理系统组成。

第二，教学数据与教学资源层，也就是教学资源库，主要是为了方便各个系统以及用户通过教学资源来开展直接、便捷的访问。

第三，教学应用系统层，它的内容包括：学科课程学习系统、教务管理系统、非学科课程学习系统、教学评价与对外展示系统和数字化教学资源管理系统。

2. 数字化学习环境的子系统

数字化学习环境是由许多类型方面不同的子系统所组成的，而且这部分子系统之间有着密切的关联，进而产生一个有机的整体。但是，这些子系统之间还是有一定差异性的，所以一定要有针对性地去构建。只是，不论构建的是哪个子系统，一定要有的基本内容包括：理论基础、系统模型、系统结构、功能模块、关键问题等。

第三节 创新现代高等教育教学绩效评价

教学绩效指的是在一定时间内，通过教学活动对教学目标的达成度。近年来，教学绩效评价有了很大发展，在教学评价中的作用也越来越重要。而想要实现这个方面，高校一定要有教育技术作为支撑，主动去搭建一个用来评价教学创新绩效的体系，从而带动以教育技术作为支撑的教学创新可以持续走在一条正确的道路上。

一、技术支持的高等教育教学创新绩效评价的作用

技术支持的高等教育教学创新绩效评价的作用，具体来说有以下几方面。

（一）导向作用

借助于以构建技术作为支撑，搭建起来的高等教育教学创新绩效评价

体系，可以带领各个高校由之前在资金和硬件投入方面的竞争转变为投资效益方面的竞争；由参与教学工作的教师进行课件制作的个人行为逐步上升为，新时代优秀教师以跨学校、跨学科的方式共同搭建的教学网站和教学资源的集体行为；从高校各自为政的封闭竞争转向以区域为基础的校际联盟等。同时，这些转变能够使高校教育信息化在管理、投资、决策制定、师资培训等方面发生重要的变革。

（二）监督作用

国内高等教育方面的资源是很有限的，所以在推动高等教育发展的历程中，一定要尽可能地避免浪费资源，要想使高校教育信息化方面所进行的监督和调控得以加强，就一定要获取系统的、准确的信息。以技术作为支撑的教学创新绩效评价指标体系正好可以客观全面地反映高校教育信息化的职责与运作之间具体的关系，继而帮助高校、教育行政部门和社会更为容易和便捷地对高校教育信息化的效率和效益进行监督，并随时根据高校教育信息化的发展状况有效调控其发展方向。

（三）决策管理作用

在对高校信息化进行规划、决策和管理的时候，管理人员因为缺乏相关的理论指导和实践经验，就容易在各个方面发生失误。比如，把教育信息化的总体规划看作是计算机设备选型的规划，把教育信息化与游走于教育教学以外的某种投资行为和硬件设施建设之间画等号，等等。但是，积极构建技术支持的高等教育教学创新绩效评价体系，能够使高校管理人员获得教育信息化运作中主要方面的具体准确的信息。这对于高校管理人员更科学、理性地进行决策，更好地开展教育信息化管理工作等都具有重要作用。此外，技术支持的高等教育教学创新绩效评价体系能够对不同高校的信息化效益进行评估，继而为区域教育行政部门的宏观决策和横向比较提供翔实、可靠的资料，确保高等教育资源能够得到更为合理化的分配。

二、构建技术支持的高等教育教学创新绩效评价指标体系

(一) 构建技术支持的高等教育教学创新绩效评价指标体系的基本原则

在构建技术支持的高等教育教学创新绩效评价指标体系时,必须遵循以下几个基本原则。

1. 要切实以网络文化意识和现代教育理念为基础

在构建技术支持的高等教育教学创新绩效评价体系时,要想确保其科学性和合理性,必须放眼于全球的教育信息化浪潮,以网络文化意识和现代教育理念为思想基础。

目前,全球信息化得以广泛普及和发展。面对这样的形势,应当采用与教育信息化战略相关的新措施,进而获取全球各个国家教育改革的契机和抢占制高点。所以,高校在开展教育信息化建设的时候,不能只是把它看作是有关软硬件的建设,更为重要的是,它是网络文化的建设和应用向往的意识与氛围的建设。这就决定了在构建技术支持的高等教育教学创新绩效评价的指标体系时,必须要体现以下几个方面。

第一,是否培养了全校师生对网络文化良好的体验和感受。

第二,是否营造了与学生身心健康发展相符合的校园网络文化环境。

第三,是否采取了有效措施预防和应对网络带来的负面影响。

第四,是否供应了融合了更新教育观念和提高技能的教师培训。

第五,学生处于网络环境当中是否还具备信息鉴别和批判思维的能力。

第六,教师是否具备先进的教学思想和毕生学习的理念,是否具备与应用技术相关的意识、能力和习惯,是否把课堂教学与技术应用加以整合和创新等内容。

2. 要尽可能涵盖高校教育信息化运作的各个方面

技术支持的高等教育教学创新绩效评价特别强调有关技术应用的合理

性和优化程度，这样就有了全面分析、比较和评估高校信息化的产出与投入及努力程度之间关系的可能。因此，在构建技术支持的高等教育教学创新绩效评价指标体系时，既要包含过程指标，也要包含成果指标。

（1）过程指标。过程指标主要映射的是，高校为了使有技术支持的教育获得教学创新成果，对该过程所用到的资源进行一定组合、分配、安排、使用和努力的指标，而它的内容主要包括投资的使用方向、培训和建设师资队伍、设备的更新、技术与教学整合的质量等。

（2）成果指标。成果指标是对高校教育教学创新成果的产出状况进行描述的指标，包括学生的计算机操作能力和信息获取能力、教师的课程整合和教学能力、教育信息化教改成果和科研论文等。

3. 评价重心要注意转向应用方面

在有着技术作为支撑的高等教育教学创新绩效评价指标体系当中，对于资源的合理配置不再单单意味着对设备所进行的合理分配，同时还包含对人力、物力、财力和信息资源方面所进行的合理分配，而且这里面的每个要素当中都会有透过质和量两个方面所设定的指标。在这当中，具有技术作为支持的高等教育教学创新绩效评价指标体系当中的人力资源指标，它所关注的主要是对于人力资源（包括教师和学习者）所进行的配置和使用，如教师在教育技术方面的思想意识、教师的信息化教学能力、教师对教育技术进行应用的积极性、学习者对知识进行获取与整合的能力、学习者根据自身实际情况对学习方式进行改变的能力等。技术支持的高等教育教学创新绩效评价指标体系中的物力资源指标，主要包括软硬件设备的利用率、完好率及教育信息化环境的优劣。技术支持的高等教育教学创新绩效评价指标体系中的财力资源指标，主要包括有无固定的信息化经费投入、软硬件和人员培训的投资比例与技术更新、与价格下降速度相适应的设备投资效益等。

（二）技术支持的高等教育教学创新绩效评价的核心指标

在开展技术支持的高等教育教学创新绩效评价时，要切实依据以下几个核心指标。

1. 高校管理状况

在开展技术支持的高等教育教学创新绩效评价时，高校管理状况是不容忽视的一个重要指标,具体包括以下几方面的内容。

(1) 高校管理者的信息化领导力。在高校教育信息化历程中,规划和建设信息化发展远景的是管理者,同时影响和带动全校师生齐心为实现这个愿景而尽心竭力的正是高校管理者在信息化方面的领导力。具体来说,高校管理者所具备的信息化领导力主要体现在对信息技术方案的开发、实施和监控,利用技术获得数据资料,帮助制定领导决策。

(2) 高校的信息文化建设。高校的信息文化建设,主要通过以下几个方面来表现。

第一,高校是否存在对信息文化进行建设的潜在意识。

第二,高校信息文化建设是否有明确的规划。

第三,高校信息文化建设是否有良好的制度保障。

第四,高校信息文化建设是否重视信息道德、法规的引导与弘扬。

第五,高校是否形成了良好的信息文化氛围。

(3) 高校的信息化业务管理。高校的信息化业务管理,具体包括以下几方面的内容。

第一,高校信息化基础设施规划建设。

第二,高校的信息化管理机制与团队建设。

第三,高校的信息化资源建设与配置。

第四,高校信息化建设的资金投入规划与评价。

第五,高校积极引领信息技术环境下的新课程改革。

第六,高校积极引领信息技术与课程整合。

第七,高校积极创造良好的信息化教学应用环境。

(4) 高校的信息化人才培养。高校的信息化人才培养,具体包括以下几方面的内容。

第一,制订教师专业发展计划,构建有助于教师专业发展的内部学习平台。

第二,积极营造良好的人力资源培养氛围,并支持教师通过参与培训不断提高自己的专业知识与专业技能。

第三,以校本培训、网络学习等多种方式促进教师专业发展,为教师专业发展建立良性循环的氛围。

第四,通过构建激励机制,鼓励教师以及学校其他相关人员不断提高信息技术素养。

2. 学习环境

学习环境也是开展技术支持的高等教育教学创新绩效评价时不容忽视的一个重要指标，具体包括以下几方面的内容。

第一，高校与教育信息化发展相关的硬件设施，包括多媒体计算机、多媒体教室网络、校园网等。

第二，高校与教育信息化发展相关的软件，如实现网上教与学活动的软件系统。

第三，高校的数字化学习环境构建情况以及为学习者提供的数字化学习材料。

第四，高校为学习者信息获取、知识构建、进行实践、解决问题所提供的学习以及交流协作的工具。

3. 教师的专业发展

由于受到教育技术的影响，教师不再被辖制于课堂当中，教师进行专业实践的环境也有了很大变化。以技术作为支撑的高等教育教学创新绩效评价，对于受教育技术影响下教师专业发展的状况格外关注，主要包括以下几个方面。

第一，教师个人和专业方面的工作效率因教育技术而得到了极大提高。

第二，教师通过教育技术能够参加专业领域的各种合作，如形成网上学习共同体。

第三，教师利用教育技术，可以及时、便捷地与学生、家长、同事及其他相关人员进行交流。

第四，教师借助于教育技术能够获得更为广泛的专业发展资源。

第五，教师能够方便地参与各种远程培训。

第六，教师能够更为有效地检索和获得支持学习的资源。

4. 学生的发展

通过教育技术协助学生进行自我发展，主要是看在教育技术支持下的学习环境当中，学生角色的变化、学生个性化发展、认知方式（获取信息的方式）、自主学习能力、实践能力、信息处理能力、科研能力、创业能力、就业能力等。

5．教学应用

在开展技术支持的高等教育教学创新绩效评价时，教学应用也是一个重要的指标，具体包括以下几方面的内容。

第一，课程标准和学习活动，也就是教师是否可以娴熟地判断出课程当中哪些部分可通过技术的支持来使学生的学习得到提高，并积极创设具有一定真实性和挑战性的、能让学生乐于主动探究的学习情境和学习活动。

第二，课程结构，即学生是否有机会利用网络学习资源进行自主、探究、协作学习，并能在学习过程中形成新颖的产品和观点，呈现学习成果。

第三，管理学习活动，即教师能否利用教学技术更好地组织课堂环境、支持新的学习形式，并能有意地培养学生的问题意识，有意地引导学生发现问题。

第四，教学管理，即教师能否使用各种教育技术工具对教学进行有效的管理。

第五，教学策略，即教师是否了解多样的技术支持的教学策略，并能根据教学需要以及学生的实际情况选择有针对性的教学策略。

第六，教师角色，即教师在教育技术的参与下，逐渐由学生学习的主导者转变为学生学习的指导者、促进者和合作者。

第七，学生评价，可借助于电子档案袋来对学生进行评价，而且评价的内容不能仅限定于学生所掌握的书本情况，还要重视对学生个人的创新精神、实践能力、解决问题能力、写作交流能力以及情感态度和习惯等综合素质的考察。

第四节　推动移动学习的发展与优化

随着计算机技术、通信技术的发展以及移动设备应用要求和价格的不断降低，越来越多的研究者开始关注如何利用移动通信设备来支持学习者进行移动学习。这样的话,就诞生了一种全新的学习方式——移动学习。当前,移动学习已获得越来越多学习者的接受和认可,并把它看作是将来学习过程中必不可少的一种学习模式。但是,为了更好地顺应社会的发展和学习者的需求,移动学习在往后的发展当中仍需要持续进行优化。

一、移动学习的内涵

(一)移动学习的概念

移动学习是移动技术与数字化学习技术发展相结合产生的一种新型的、不受时空限制的、有意识的数字化学习形式。因此,有不少学者认为移动学习是数字化学习的扩展。

要想使移动学习得以实现,移动计算设备是必不可少的,而且所用的移动计算机设备一定要能够展示学习的内容,并可以实现教师与学习者之间的互动交流。此外,移动网络和移动学习资源也成为移动学习实现过程中必不可少的要素。

(二)移动学习的特征

移动学习相比其他的学习方式来说,有着自身鲜明的特征,具体表现在以下几个方面。

1. 移动性

移动学习的移动性特征主要是通过以下几个方面表现出来的。

第一,移动学习是在一个移动的环境中完成的。通过移动网络以及相关协议和技术支持,学习者可以使用移动终端在各种学习环境当中开启学习活动,没必要限定在电脑前面,一般而言,只要是移动网络覆盖到的地方,就可以通过手持移动终端进行学习。学习随时、随地、随需要而发生,学习者可以灵活支配时间、把握时空,在最需要的时候获取知识信息。

第二,移动学习是借助于移动互联技术实现的。

第三,移动学习的实现,离不开小型化的、重量轻的、便于随身携带的移动计算设备，如智能手机、iPad 等。

2. 多样性

这一特征主要是针对移动学习的资源来说的，具体表现为以下几个方面。

第一，移动学习有着多样化的资源渠道。通常而言，绝大多数的移动学习资源都来自于 WAP 站点，学习者凭借互联网的 WAP 协议浏览网站上教学服务器当中的内容，这些与普通互联网资源的学习还是极为相似的。此外，通过 APP 学习软件也是移动学习资源的一个关键来源，如百词斩 APP、有道词典 APP、沪江英语 APP 等。

第二，移动学习资源的呈现形式是多种多样的。通常来说，为了方便学习者利用碎片化时间进行学习，移动学习资源的呈现必须短小精悍，内容简洁，并要借助于文本、图片、微视频等多种形式。

第三，移动学习资源的获取方式是多样的。网易公开课、沪江网校、优酷、腾讯等客户端，都能够获得移动学习资源。

3. 灵活性

移动学习借助的是移动网络平台，从而极大地简化了教师配备、教育经费、教育物理环境等各种资源的需求，比起以往的传统教室、多媒体教室、网络机房的教学环境，更具有灵活性。

4. 高效性

一般而言，移动学习平台都会选用学习过程管理，把整个课程分割为更多个精心提炼的章节，分为多个段落按时推送，通过学习众多的补充资料作为辅助，并在整个过程中添加了多个分享互动的阶段，引导学生根据实际情况加以思考，同时也能不断增强学生的记忆力、提升学习效果。由此可见，移动学习是一种高效性的学习方式。

5. 自主性

由于移动学习是随时随地进行的，而且移动学习的学习者多是独立的个体，因此移动学习更加突出自主学习，即学习者在合适的时间、合适的地点选择自己喜欢的内容进行自主学习。

6. 交流性

在开展移动学习的时候，所有学习者之间还可以进行交流互动。同时，在移动学习当中，教师可以扮演交流者的角色，最常用的交流平台是QQ和微信，采用同步或异步的方式参与学习者的交流，借助交流来指导学生。在此影响下，传统的师生关系也发生了重大改变。

7. 经济性

移动时代人人必备手机，智能终端的普及率逐年提高。因此，采用移动学习方式，无须过多的设备投入，就能进行移动教学和学习。这便是移动学习的经济性特征。

8. 大众化和平民化

这一特征是针对移动学习的学习对象来说的。在移动通信的飞速发展和移动设备日趋价廉的前提下，知识的学习已经翻越了学校的藩篱，即知识的学习已经逐渐从教室中、教材上、课堂中走出来，利用移动互联网开展大众化和平民化学习。

在当下这个社会，有一种现象还是极为普遍的：不论走在什么地方，映入眼帘的是近乎所有人的手里都握着一部手机，不具体的学历、地位、年龄，也不分具体的场所、环境，都在使用手机通信、交流、学习、预订、网购等。呈现出的是，人们的生活、工作、学习已无法离开手机，也离不开移动网络。因此，移动学习是一种大众化学习、平民化学习。

9. 针对性

移动学习平台可对学员学习资料下载、经验分享、登录次数等关键数据进行统计，了解学员的学习习惯及学习主动性，继而对学员学习效果进行有效的跟进和掌握。如此一来，就能够有针对性地帮助学员不断提高自己的学习效果。

二、移动学习的发展趋势

对移动学习的现状进行分析，可以发现其在今后及未来一段时间内，会呈现出以下几个鲜明的发展趋势。

（一）智能化

相比较于基于PC的网络学习，基于移动设备有着接收、推送信息的特征，移动学习具备人性化和智能化的特点。比如，在传统网络背景下，当用户的问题得到解答的时候，之后用户关掉浏览器，也就难以得到相应；然而在移动学习的环境下，即便用户退出学习软件，依然能够收到回复答案的短信，从而使得学习的交互特性得到充分体现。

（二）进一步的微型化

移动学习的一个本质特征便是微型化。自2013年起，我国掀起了开发微课程的热潮，无论是高等教育，还是企业培训，都认识到了微时代的到来，这使得网络课程的形式更加生动活泼、短小精悍。

（三）开创新型学习模式

现如今，在移动端上能够完成的应用越来越多，如浏览网页、学习、购物等。移动终端有着电脑所难以企及的优点，如基于某个位置的服务、基于多种感应器的教学、基于移动式虚拟现实的体验学习等，这些都得以成为全新的学习模式。所以，在移动学习未来发展过程中，创新型学习模式的开发将会备受关注。

三、移动学习的优化途径

移动学习要想更好地满足学习者的学习需要，必须不断对自身进行优化。具体而言，移动学习的优化途径主要有以下几个方面。

（一）积极构建有利于移动学习的社会文化环境

目前，虽说移动学习已经得到更多人的接受和认可，但学校和教学组织还没有对移动学习产生足够的关注，不但缺少相关的建设资源的管理人员，而且难以针对学生移动学习开展有效的指导。这样的现状，会大大阻碍移动学习的长足发展。所以，要想使移动学习得以更好地发展，就一定要主动构建有助于移动学习的社会文化环境。具体可通过以下几个举措来对有利于移动学习的社会文化环境进行构建①。

1. 引导教学组织提高对移动学习的重视程度

移动学习改变了教师在传统教育中传授、灌输知识的角色,成为帮助学生制订学习计划、激发学习主动性和创造性的重要手段。因此,教学组织应认可移动学习所起到的作用,并不断提高对移动学习的重视程度。具体来说,学校应通过创设移动学习的问题和研讨、开发移动学习课程、设计丰富多样的信息资源、组织协作学习等方式,确保学习者能够有效地参与移动学习。除此以外,教学组织要对移动学习的发展和建设加以重视,针对校园无线网的建设要进行加强,培养出更多专门从事移动资源建设的人员,带动教师积极设计和开发相关资源,从而为学生进行移动学习创建一个良好的气氛,促使移动学习互动得以有效地进行。

2. 引导教师对教学观念和教育方法予以改变

引导教师积极转变传统的课堂教学观念,意识到移动学习设备这种新的学习辅助工具,从而在更深层次上接受这种新的学习工具,对于推动移动学习的未来发展也有重要的作用。

学生在参与移动学习的时候,一般不会提前制订详细的学习计划。所以,学生要想通过移动学习学到一些东西,就需要邀请教师在个人移动学习的方法或策略上给予相应的指导。而教师若是想在移动学习当中的方法或策略给予学生有效地指导,就一定要完全掌握移动学习的教学方法。比如,教师要引导学生以自身的学习特点为依据制订移动学习计划,并选择合适的移动学习资源;教师要引导学生正确地对待移动学习,发现移动学习所具有的积极的、正向的功能,并积极寻找与自身相适应的移动学习方式;教师要在学生的移动学习出现困难或问题时,及时为其提供帮助,等等。这样,学生便能更好地接受移动学习,并最终找到与自己的学习特点相符合的移动学习方法,学会合理利用移动学习资源,真正在移动学习中有所收获。

3. 积极创设适合学习者的移动学习情境

在进行移动学习的过程中,创设具有多样性、创造性的情景,不但可

---

① 程换弟. 数字化时代教育变革路径探析 [J]. 教育理论与实践, 2016 (22). (参考文献第 2 页)

以激发学习者学习的兴趣,而且还可以促使学习者及时获取知识和提高解决问题的能力。

在为移动学习创设具体情境时,要切实地参照实际生活中知识和技能的运动方式,并要与学习者日常的生活进行关联,带领学习者在学习知识的同时提高解决问题的能力。

(二) 有效整合移动学习资源

在当前,移动学习资源建设还处于起步阶段,已经经过实践验证的、适用于移动学习设备的学习资源总体上来说是比较少的。因此,要促进移动学习的优化,还需要不断丰富和完善移动学习资源,并对移动学习资源进行有效整合。在这一过程中,必须做好以下几方面的工作。

1. 不断丰富移动学习资源的内容

不断丰富移动学习资源的内容,可以更好地满足学习者多样化的学习需要。在丰富移动学习资源的内容时,以下两方面要特别予以注意。

第一,要持续地对学习资源的种类加以丰富。在整合移动学习资源的时候,不但需要包含与国内课堂教学相关联的知识及内容,也要包含世界范围内一些知名大学所开放的课程,还要包含各个不同专业领域的学者所写的一些文章和著作等,以满足移动学习者不同的学习需求。

第二,要提高学习拓展资源的丰富性。丰富移动学习的资源可以根据课程设计,提供面向课程学习的移动学习资源,也要根据学生感兴趣的、有利于拓展学生视野或者提升技能的课外学习资源。辅助学习资源能够有效地拓展学习广度,加深知识理解的深度,在移动学习中起着重要作用。

2. 要提供多种形式的移动学习资源

移动学习资源的外在形式主要有两种:一种是文本资源,另一种是视频资源。在这当中,因为文本所占空间较小,方便下载,所以学习者对于文本资源的需求量更大。在对移动学习的文本资源进行开发的时候,要尽量地提供更多种格式的文本资源,便于使用不同的移动设备进行下载。此外,文本资源的内容部分一定要具有高度的概括性,而且不宜太长,从而方便学习者进行保存,便于随时查看。

由于视频包括了声音、文字和图片,把知识融入情景,便于学习者进行学习，因此它是大部分学习者都希望得到的移动学习资源形式。因此，在开发移动学习的视频资源时，要充分考虑视频的格式、大小和时间的长短，并要在确保学习内容相对完整的前提下，尽量压缩视频的大小，以便于学习者能够将其下载到不同的移动设备上。

由于不同的学习者对学习资源的接受程度不同，有的人偏爱视频类学习资源，有的人偏爱文字、图片类学习资源。因此，在进行移动学习资源开发时，要尽可能使同一学习内容有多种表现方式。除此以外，还要对移动学习资源应用情境的多样化设计加以充分考量，也就意味着要考虑到移动学习资源的应用情境的多样化，通过联系实际生活，从解决问题的视角出发，为学习者提供其本身感兴趣的，并可以用来帮助其解决真实问题的资源。

总之，在设计移动学习资源时，要确保移动学习内容有多样化的表现方式，并要以学习者的实际情况为依据，向其提供适合其表现形式的移动学习资源。

3. 要不断改进移动学习资源的设计工作

有关移动学习资源的设计情况深深影响着整合的情况。所以，要对移动学习资源的设计工作进行持续地改进，这也是有助于学习资源进行有效整合的一个重要渠道。具体而言，在针对移动学习资源的设计工作进行改进时，尤其要留意以下几个方面。

第一，在设计移动学习资源的时候，要尽量让它能够应用于更多的设备，并且要符合学习者的认知规律。

第二，设计移动学习资源时，要充分考虑移动学习环境的影响和移动学习本身的特点，特别是移动终端无线网络环境等对学习资源的制约，以便更有针对性地开发人—机交互界面、知识内容的组织、教学活动设计等。

第三，设计移动学习资源时，要注意加强移动学习的各项资源库建设，以方便已有的移动学习资源的重复利用。

（三）不断加强移动技术的开发

移动学习的实现，离不开移动技术的支持。因此，要想不断地优化移动学习，就需要不断加强移动技术的开发，具体可从以下几方面着手。

第六章　现代高等教育技术的发展趋势

1. 积极升级移动学习技术

在对移动学习技术进行升级时，要切实注意以下几个方面。

第一，要切实保证移动学习网络能够正常运作，保障整个移动学习活动可以顺利开展。在整个移动活动当中，学校一定要把多种设备和设施、软件系统的应用和维修落地执行，保障网络的安全，确保软件更新和下载的便捷性，保障与已有的网络学习平台、数字图书馆、校园网站、企业培训网站、教育系统以及知识管理系统等的兼容性。

第二，在建设移动网络时，要切实做好硬件设施和软件设施的建设和维护工作，确保移动学习者在运用网络时能随时随地接收较强的网络信号；确保移动学习者在对学习资源进行下载时能够处在一个安全的网络环境中。

第三，要积极改建无线网络技术，确保无线网络能够得到良好的建设，覆盖面积不断扩大。与此同时，要进一步降低无线网络的费用。如此一来，学习者才能更便捷地运用无线网络进行移动学习。

第四，在移动学习过程中，对于那些需要额外技术进行支持的用户要给予一定的关注，并要安排好相应的人力或开发出相应的系统软件，根据他们的技术问题提出有针对性的解决方案。比如，用户想要进行移动学习，就一定先要了解一下移动技术的基本特点，掌握信息的输入和资料的访问方式。只不过，中老年人在这些方面难以持续跟进，所以就需要提供一些有一定针对性的技术服务进行帮助，并要制订相应的计划和方案帮助他们顺利掌握这些知识。

2. 设计良好的移动学习平台

移动学习平台的设计状况影响着学习者进行移动学习的积极性和主动性。因此，要想推动移动学习不断向前发展，就需要设计良好的移动学习平台。具体而言，在设计移动学习平台时，要特别注意以下几个方面。

第一，在设计移动学习平台时，要充分考虑到移动设备的特点及功能，以确保学习者能够在移动设备上完全打开移动学习资源，且不会因内容过多而陷入迷茫。

第二，在对移动学习平台进行设计的时候，要尽量确保界面的直观、简洁，并可以进行便捷操作。

第三，在设计移动学习平台的时候，要对于移动学习的特点和学习者的认知特征加以考虑，并要带动学习者积极参与设计，以使学习者更好地接受移动学习。

第四，在对移动学习平台进行设计的时候，要尽量使一个平台能够适应多种学习模式，从而与学习者的学习特点相符，使学习者的需求得到满足。

第五，在设计移动学习平台时，要尽可能满足学习者在线和离线学习的需求，方便学习者在离线后仍能继续学习。

第六，在设计移动学习平台时，要使其支持多种格式的学习资源下载，以满足学习者多样化的学习需求。

3. 开发新的移动学习终端设备

学习者在参与移动学习时，要想获得良好的学习效果，一定要选用合适的移动设备，所以，要想跟进移动学习的步伐，也要留意持续开发出新的移动学习终端设备。然而在开发全新移动学习终端设备的时候，一定要格外留意以下几个方面。

第一，全新的移动学习终端设备在教育领域的应用效果怎么样。

第二，学习者在使用全新的移动学习终端设备时会展现出怎样的学习态度和心理变化。

第三，要积极引导学习者了解并接受新的移动学习终端设备。

(四) 不断优化移动学习者的学习行为和习惯

虽然大部分学习者都有利用移动设备获取知识的愿望，但他们中的很多人却不懂得使用移动设备检索信息的方法，还存在自我调控能力不足、不会选择学习资源和学习方式、没有良好的学习方法和策略以及学习动机不明确等问题。针对这一情况，十分有必要对移动学习者的学习行为和习惯进行优化，具体可从以下几方面着手。

1. 不断培养移动学习者的移动学习意识

绝大多数的学习者对于移动学习的方式还是比较喜欢的，也渴望通过这样的学习方式来使个人的知识素养和专业水平得到提高。但是，他们在移动学习方法上还没有一个成形的系统，只能凭借着个人的喜好和需求来参与移动学习,而且非常容易受外界因素的干扰。要想使这个问题得到有效解决,就一定要持续培养移动学习者进行移动学习的意识,引导其不断加深对移动学习的认识与理解,最终切实接受这一学习方式。

2. 要确保移动学习者有较强的学习动机

移动学习相比传统的课堂学习来说,更容易被各种各样的因素所打扰。因此,学习者要想在移动学习中真正有所收获,必须要有强烈的学习动机。

对于移动学习者来说,要确保自己始终有较强的学习动机,一个重要的举措便是制定合理的学习目标。针对移动学习而言,绝大多数的学习者尚未形成系统的方法,也没有详细的计划。所以,学习者要尽可能地发挥移动学习工具自身的功能和优势,设定好学习目标,把准备学习的知识下载至移动设备,闲暇时进行学习。当学习者认为目标能够达成并有着一定意义的时候,就能够激发他们参与移动学习的兴趣。

3. 积极培养移动学习者的移动学习习惯

培养移动学习者养成良好的移动学习习惯,使其在移动学习中充分发挥自己的主观能动性,不断克服学习中的困难和阻碍,实现移动学习的最优效果。这里所说的移动学习习惯,包括订阅自己所需的移动学习知识、建立自己的知识库、与其他移动学习者进行学习交流与协作等。

4. 要有效管理移动学习信息

移动学习属于一种基于互联网所产生的学习形式,所以它里面所包含的学习信息还是极为丰富的,但是,移动信息的资源时常处于凌乱、分散的状态。所以,如何对所学的信息进行有效管理,成为移动学习者一定要多加关注的问题。具体而言,学习者要想在学习过程中对学习信息进行有效管理,可尝试从以下几个方面入手。

第一,学习者通过移动学习设备从网络上获取信息,要提高自身的信息素养,能够快速搜索到有帮助的信息,并且对其进行筛选和整理。

第二,学习者可以在需要的时候及时获取、学习下载、归类并标记移动学习资源。

第三,学习者对移动学习过程中的信息及时地做好链接和保存,在重复访问的时候能够找到相关内容。

5. 要科学规划移动学习的时间

移动学习属于一种非正式学习,在学习内容和学习时间方面相对比较自由、宽松,而且学习的过程也比较零散。针对移动学习的这些特征,学习者要想通过这种学习方式有所收获,一定要先学会自我控制,尝试科学规划个人的学习实践,从而有效地规避学习过程中的随意中断、缺乏方向等现象。

参考文献

[1]〔美〕加涅.教育技术学基础[M].张杰夫,等,译.北京:教育科学出版社,1992.

[2]〔美〕桑赫尔兹.信息技术与学生为中心的课堂[M].宋融冰译.北京:中国轻工业出版社,2004.

[3]南国农.电化教育学[M].北京:高等教育出版社,1985.

[4]南国农,李运林.教育传播学[M].北京:高等教育出版社,1995.

[5]何克抗,李文光.教育技术学[M].北京:北京师范大学出版社,2002.

[6]李克东.新编现代教育技术基础[M].上海:华东师范大学出版社,2002

[7]张琴珠.计算机辅助教育[M].北京:高等教育出版社,2003.

[8]迟春梅,新概念 PowerPoint2002 教程[M].北京:科学出版社,2003.

[9]南国农.信息化教育概论[M].北京:高等教育出版社,2004.

[10]钱奕桂,许信旺.新编现代技术及应用[M].合肥:合肥工业大学出版社,2004.

[11]万华明,胡小强.多媒体技术基础[M].北京:中央广播电视大学出版社,2005.

[12]郑有才,张正茂.信息技术与语文学科整合[M].广州:暨南大学出版社,2005.

[13]余胜.信息技术与课程整合:网络时代的教学模式与方法[M].上海:上海教育出版社,2005.

[14]吴有林.计算机辅助教学技术[M].北京:清华大学出版社,2006.

[15]张剑平,熊才平.信息技术与课程整合[M].杭州:浙江大学出版

社,2006.

[16]何克抗.信息技术与课程深层次整合理论[M].北京:北京师范大学出版社,2008.

[17]刘志华.教育系统设计与实践[M].北京:清华大学出版社,2010.

[18]王以宁.教育教育技术——从理论到实践[M].北京:北京大学出版社,2010.

[19]张剑平.现代教育技术:理论与应用[M].北京:高等教育出版社,2013.

[20]陈琳.现代教育技术[M].北京:高等教育出版社,2014.

[21]何仁生.教学系统设计概论[M].长沙:湖南大学出版社,2014.

[22]傅钢善.现代教育技术[M].北京:高等教育出版社,2015.

[23]何克抗,林君芬,张文兰.教学系统设计[M].北京:高等教育出版社,2016.

[24]何克抗,谢幼如.教学系统设计[M].北京:北京师范大学出版社,2016.

[25]胡中锋.教育评价学[M].北京:中国人民大学出版社,2018.

[26]刘志军.教育评价[M].北京:北京师范大学出版社,2018.

[27]刘熙光,邓丽亚.光于高校计算机多媒体辅助教学实践的几点思考[J].电化教育研究,2002(8).

[28]张玉成.高校外国文学教学中文学性缺失的原因与对策[J].教育与职业,2006(26):149.

[29]赵明,冯丽.多媒体教学课件开发原则与创作模式.[J]西安文理学院学报(社会科学版),2008(2).

[30]程换弟.数字化时代教育变革路径探析[J].教育理论与实践,2016(22).

[31]熊佳红."互联网+"视域下高职院校大学语文教学探讨[J].天津电大学报,2016,20(04):62-65.

[32]史峰.高等教育中现代教育技术的应用研究[J].课程教育研究,2017(27).

[33]杨城,李伟.情境教学在高职院校古代文学课程教学中的应用探究[J].中国校外教育,2018(33):152-153.

[34]康毕华.慕课环境下的大学语文课程教学研究[J].黑龙江教育学院学报,2018,37(02):45-47.

[35]黄春梅,李素平.新媒体技术环境下高职院校文科课堂的教学策略——以《中国古代文学》课程教学为例[J].广州广播电视大学学报,2018,18(5):35-39,109.

[36]张卫红.论高职语文教育专业《中国古代文学》课程学生学习障碍与对策[J].开封教育学院学报,2019,39(2):157-159,167.

[37]郭中华.本科古代文学教学对道教文学应有的观照[J].牡丹江大学学报,2020,29(5):100-103.

[38]石天飞.古代文学教学改革中的广西古代文学案例[J].课程教育研究,2020(14):29,31.

[39]Ajzen. The theory of planned behavior,organizational behavior and human decision processes[J]. Journal of Lsure Research,1991.50(2):176-211.

[40]Abbitt. An investigation of the relationship between self-efficacy beliefs about technology integration and technological pedagogical content knowledge (TPACK) among preservice teachers[J]. Journal of Digital Learning in Teacher Education,2011.27(4):134-143.

[41]刘雍潜,等.信息技术教育应用研究(上册)[C].北京:中央广播电视大学出版社,2003.

[42]习近平.青年要自觉践行社会主义核心价值观[N].人民日报,2014-05-05(02).

[43]张烁.把思想政治工作贯穿教育教学全过程开创我国高等教育事业发展新局面[N].人民日报,2016-12-09(01).

[44]中共中央国务院发出《关于进一步加强和改进大学生思想政治教育的意见》[EB/OL]. http://www.moe.gov.cn/s78/A12/szs_lef/moe_1407/moe_1408/tnull_20566.html,2020-05-22.

[45]国家中长期教育改革和发展规划纲要(2010—2020年)[EB/OL].

http://www.gov.cn/jrzg/2010-07/29/content_1667143.htm,2020-05-22.

[46]教育部.教育部关于全面深化课程改革落实立德树人根本任务的意见[EB/OL].http://old.moe.gov.cn/publicfiles/business/htmlfiles/moe/s7054/201404/167226.html,2020-05-22.